中公新書 2717

北野　充著

アイルランド現代史

独立と紛争、そしてリベラルな富裕国へ

中央公論新社刊

はじめに

アイルランド島は、英国の主要部分を占めるブリテン島の西方に位置する。その島の北東を除く多くの部分を占める国が、本書の主題とするアイルランドである。面積は約七万平方キロメートル、人口は約五一二万人と、どちらも北海道とほぼ同じくらいの規模である。

アイルランドというと、英国のEU離脱の際に英国の一部をなす北アイルランドとの国境の扱いが争点となったことや、二〇一九年のラグビー・ワールドカップでの日本代表との対戦が思い起こされるが、他にもさまざまな「顔」を持った国である。

酒好きの人にとっては、ギネス・ビールやアイリッシュ・ウィスキーの国であり、音楽好きにとっては、U2やエンヤの国である。また、文芸愛好家にとっては、二〇世紀を代表する長編小説『ユリシーズ』の著者ジェイムズ・ジョイスやノーベル文学賞を受賞した詩人W・B・イェイツを生んだ国であろう。

同時に、アイルランドは、近年、大きな変貌を遂げた国でもある。

アイルランドは一九二二年の英国からの独立後、長らく西欧の最貧国と呼ばれていた。例えば、一九五〇年代のアイルランドは、国民が貧困にあえぎ、雇用の機会にも窮し、将来の展望を持つことができない若者を中心に大量の移民が出る状況であった。それが、「ケルティック・タイガー」と喧伝《けんでん》された高度成長期（一九九四～二〇〇八年）を経て、現在は、一人当たりGDPで世界第二位（IMF、二〇二一年）の活力にあふれる経済を有するに至っている（日本は二八位）。

また、かつてのアイルランドは、カトリック教会やその信仰の影響が強く、妊娠中絶、同性婚はもちろんのこと、離婚も認められない保守的な国であった。しかし一九九〇年代以降、これらが逐次、合法化されるとともに、二代続けての女性大統領（メアリー・ロビンソン、メアリー・マッカリース）、ゲイであることを公表している首相（レオ・ヴァラッカー）が生まれる、世界でも有数のリベラルな国となった。ジョン・フォード監督、ジョン・ウェイン主演の一九五二年の映画『静かなる男』が描いた、男性中心の社会はすっかり過去のものとなった。

保守的な西欧の最貧国は、いかにしてリベラルな富裕国となったのか――。

本書は、アイルランドの現代史をたどりつつ、その問いに答えようとするものである。

図式的に言えば、一九二二年に英国から独立して以来のこの百年は、「デ＝ヴァレラ・モデル」というべき保護経済、カトリック重視を旨とした「国のかたち」が形作られ、その後、それからの脱却が図られてきた歴史と言える。

エイモン・デ＝ヴァレラ。一九一九年から一九二一年までの対英独立戦争の際、最高指導者であった。英国との講和の条件をめぐる内戦で敗北したが、政党フィアナ・フォイル（アイルランド語で「運命の戦士たち」との意味）を結成して一九三二年に政権の座に就いた。一九五八年までの間に、三つの時期、合計二〇年余の長きにわたって国政の責任を担う首相（ないし行政評議会議長）を務め、さらに、首相退任後は、二期、一四年間、国家元首の大統領の座にあった人物である。現在にも引き継がれている憲法を一九三七年に策定し、「デ＝ヴァレラ・モデル」ともいうべき「国のかたち」を形作った。

「デ＝ヴァレラ・モデル」は、保護経済、カトリック重視とともに、主権の確立、英国からの行動の自由の確保を重視した。経済・社会分野のみならず、政治・外交面においても、例えば、中立政策、アイルランド統一を目指す北アイルランド政策で大きな刻印を残した。この路線は、創成期の荒波をくぐり抜ける強靭《きょうじん》さを新生国家にもたらした。第二次世界大戦で中立の立場をとり、戦火をこうむることなく切り抜けたのは、その成果である。

一方、時が経《た》つにつれて、貧困、大量の移民、社会の保守性など、その限界や欠点が顕在化するようになり、「リベラル・モデル」への胎動が始まった。

開放経済への転換、欧州共同体（EC）への加盟（一九七三年）を経て実現した「ケルティック・タイガー」期の経済成長は、「リベラル・モデル」の成果である。一九五六年に三九歳の若さで財務次官に任じられ、保護経済から開放経済への転換の青写真を描いたT・K・ウィタカーは、経済分野における「リベラル・モデル」の生みの親といえよう。避妊、離婚、妊娠中絶など社会的価値に関わる問題でリベラルな立場を先頭に立って主張し、一九九〇年に大統領に選出されたメアリー・ロビンソンは、社会分野における「リベラル・モデル」の先覚者である。

「デ＝ヴァレラ・モデル」から「リベラル・モデル」への転換は、経済発展や社会の自由化をもたらした。その一方で、「リベラル・モデル」への移行は、バブル経済の破綻、政治の腐敗など、その代償も生んだ。また、英国のEU離脱など、アイルランドを取り巻く情勢の変化が「リベラル・モデル」に深刻な課題を突きつけている。

アイルランドは、「リベラル・モデル」の手直しで、国内の課題に対処するとともに世界のさまざまな激変を乗り越えていくことができるだろうか。

一般的には、経済が成長して生活の質が高まると、旺盛な経済活力を保つことが困難になる。ところが、アイルランドは生活の質と経済活力をともに高いレベルで両立させている。アイルランドは日本に比較すると、面積では約五分の一、人口では約二五分の一の小さな国ではあるが、その軌跡は経済停滞や社会の閉塞状況を課題とする日本にとって参考となる点を含んでいる。

生活の質と経済活力の両立。その背景には何があるのだろうか。保守的な西欧の最貧国からリベラルな富裕国へのアイルランドの軌跡の中にそのヒントを探りながら、アイルランドの現代史を振り返ってみたい。

なお、本書中の分析、判断は筆者個人のものであり、筆者が属する組織によるものではない。

目次

column

地図作製／ケー・アイ・プランニング

アイルランド島　略地図

註：北アイルランドでは、1972年に県が廃止され、代わりに26の行政区が設置されたが（2015年に11に再編）、本図においては1972年以前の歴史的県名で表記している。

序章　二〇世紀に至るまでのアイルランド

『シンドラーのリスト』の主演で知られるリーアム・ニーソンがアイルランド独立戦争の立役者を熱演した一九九六年の映画『マイケル・コリンズ』にこんなシーンがある。

晴れて英国から統治権の引き渡しを受ける式典にコリンズは七分遅れて到着した。「七分遅刻だ」と咎《とが》める英国総督に対し、コリンズは「われわれは七〇〇年間待ったのだ」と言い返す。

これは一九二二年一月一六日のコリンズと英側との実際のやりとりを基にしたシーンである。実際、アイルランドの歴史を語るとき、「英国の七〇〇年に及ぶ支配」に言及されることが多い。イングランド／英国の支配は、より詳しくは約七五〇年に及ぶが、その間、支配の内実は変化しつつも、アイルランドの歴史を大きく左右してきた。アイルランド現代史は、そうした英国の支配からの脱却で幕をあける。この序章では、どのようにしてそこに至ったのかを振り返りたい。

来島した人々

アイルランド島は、欧州大陸の西北方向に位置する。欧州大陸からドーバー海峡を隔ててブリテン島、それからアイリッシュ海を隔ててアイルランド島という位置関係にある。そうした地理的条件がアイルランドの歴史を規定してきた。古来、欧州大陸とブリテン島から渡ってきた人々がアイルランドの歴史に大きな影響を与えてきた。

アイルランド島では紀元前八〇〇〇年頃、ブリテン島から移り住んだ人々が狩猟・採集の生活を営み始めたと見られている。その後、紀元前六〇〇〇年頃からケルト人が来島し、ケルト系の言語、宗教、鉄器文化をもたらした（その時期、態様については考古学者、言語学者などによる検討が続けられている）。アイルランドのケルト人はゲール人と呼ばれた。

五世紀には、キリスト教が到来した。布教を行った者の中でも特に著名なのが聖パトリックであり、その命日とされる三月一七日は、「聖パトリックの日」としてアイルランドの最も重要な祝祭日となっている。修道院が学問や芸術の拠点として栄え、アイルランドは「聖者と学徒の島」と称された。

八世紀から一〇世紀にかけては、ヴァイキングが到来した。ヴァイキングは、スカンジナビア半島からやってきて、経済の中心で富が集中していた修道院を襲撃した。一方でヴァイキングは、略奪者であるとともに優れた商人でもあり、町を作り、貿易を行い、定住した。

一一世紀から一二世紀にかけて、アイルランドは、政治的には分裂状態であった。アイルランドには、伝統的に、北部のアルスター、東部のレンスター、南部のマンスター、西部のコナハトという四つの地方がある。この時期は、ゲール系氏族の各地方の王たちが覇権をめぐって実力でぶつかり合う抗争の時代であった。

そうした構図が大きく変わるのが一二世紀後半である。「大きな島の隣に小さな島があれば、大きな島が小さな島を支配することとならざるをえない」と指摘されるが、それが実際に起こった。

イングランドのアイルランド支配の始まり

一二世紀後半、アイルランドの東部のレンスター地方の内紛が発端となった。レンスター王のディアルミド・マク・ムルハダが、政敵に追われて追放され、イングランドのヘンリ二世に助力を求めた。これに応じたのがウェールズ南部の領主リチャード・ド・クレアであった。弓の名手であったことからストロングボウの名でも知られていた。ストロングボウは一一七〇年、アイルランドに渡ると、レンスター地方を武力で席巻し、マク・ムルハダの娘イーファを娶《めと》り、マク・ムルハダの死後、レンスター王の座を得た。

翌一一七一年にヘンリ二世がアイルランドに遠征し、先住のゲール系勢力と、ストロングボウら新参の征服者の双方に、アイルランド領主としての地位を認めさせた。遠征から一六年前の一一五五年、アイルランドのキリスト教会をローマ教皇の統制下に置こうとした教皇ハドリアヌス四世が、ヘンリ二世にアイルランドの支配権を与えていたことがその根拠とされた。

これが、以後七五〇年にわたるイングランド／英国のアイルランドに対する支配の始まりであった。

イングランドのアイルランド侵攻はその後も続いた。イングランド系の征服者は、先住のゲール系氏族から奪った土地を配下に分け、農耕のため農地を開発した。イングランドからの植民も行われた。総督府、アイルランド議会といった統治機構も作られた。

一方、その征服は、アイルランド全土までは及ばなかった。先住のゲール系氏族は、肥沃な土地を奪われながらも、山岳地や沼沢地に拠って勢力を保った。ゲール系氏族の中には、イングランド系の持つ戦闘能力を身につけて、巻き返しを図るものも出てきた。征服者のイングランド系の多くもゲール系氏族と接触するうちに、その文化的影響に染まり、ゲール化した。ゲール系氏族も、イングランド系氏族も、それぞれの地域に割拠して、軍閥化した。

その結果、アイルランド領主たるイングランド王の実効支配が及ぶのは「ペイル（柵）」と呼ばれるダブリン周辺に限られることになった。

一四世紀から一五世紀にかけては、イングランドがフランスと百年戦争を戦い、その後、イングランドが内部で二派に分かれてばら戦争を戦った時期であった。アイルランド支配を強化するどころではなかった。

宗教改革の影響

一六世紀初め、英国の宗教改革がアイルランドに大きな影響を及ぼした。

イングランド王ヘンリ八世は、男子の王位継承者を得るべく妃キャサリンと離婚をしようとしたが、これが認められなかったためローマ教皇と断絶した。ヘンリ八世はカトリック教会から離れてイングランド国教会を設立するとともに、修道院を解散させ、その土地と財産を没収した。国教会は、プロテスタントに分類されるが、教義上の問題でなく、ヘンリ八世の離婚問題が原因となってカトリック教会から離れたため、宗教上の典礼の面ではカトリック教会との共通点が多い形となった。この英国の宗教改革により、アイルランドは、英国内の宗派間の争い、さらに当時ヨーロッパ全体で展開されていたカトリックとプロテスタントの抗争に、カトリックの勢力地として巻き込まれることとなった。

ヘンリ八世は、アイルランドにおいて宗教改革とともに王権の確立を目指した。従来、総督ポストを歴任してきたイングランド系軍閥の雄であるキルデア伯家は、これに抵抗姿勢を示し、処刑された。アイルランド議会はヘンリ八世をアイルランド王とする法律を制定した。ゲール系氏族については、その支配地を王に一旦譲渡し、王が改めて封土として安堵《あんど》する

「譲渡と再授封」という手法で王権の確立を図った。

一六世紀後半になると、強制力を拠り所に支配を固め、宗教改革を断行しようとするイングランド王権と、地域の軍閥との緊張関係が高まっていった。これらの軍閥の重視するカトリックの信仰、文化的伝統も対立の要因となった。北部のアルスター地方のゲール系有力氏族であるティローンのオニール族、ティアコネルのオドネル族による反乱が一五九五年から一六〇三年まで続いた（「九年戦争」と呼ばれる）。反乱軍は降伏して、講和条約が結ばれ、反乱の首謀者であるオニール族長、オドネル族長は、その後、大陸に逃亡した。この反乱の鎮圧を経て、英王権に従わない政治勢力はゲール系、イングランド系を問わず影響力を喪失した。

こうして武力によりイングランド王権によるアイルランドの一元的支配は確立した。一方、アイルランドの住民はカトリックの信仰を維持したので、国教会に改宗させる宗教面の改革は成功しなかった。その結果、アイルランドは、「君主の宗教がその領内で行われる」という近世ヨーロッパの原則に反して、人口の圧倒的多数が君主（国王）と異なる信仰を保持する特異な地域となった。

反乱が起こったアルスター地方では広大な土地が没収され、大規模な植民がなされた。その後、ブリテン島北部のスコットランドから人口流入が進んだこともあり、アルスター地方はアイルランドの中でも例外的にプロテスタント系が多い地域となった。これが今日の北アイルランド問題につながってくる。

ピューリタン革命による災厄

一七世紀はイングランド／英国史における革命の時代である。新興国であったイングランドは、ピューリタン革命（一六四〇〜六〇年）と名誉革命（一六八八〜八九年）という二つの革命を経てヨーロッパを代表する強国となった。それは、アイルランドにとってイングランドへの隷属が強化されることに他ならなかった。

一七世紀初頭、イングランドで国教会の改革を唱えるピューリタンが台頭した。ピューリタンは、国教会からカトリック的な要素を除去して宗教改革を徹底させることを求めた。ピューリタンの台頭とともに、親カトリックの国王とピューリタンが多い議会とは、宗教上の相違もあり、対立が高じていった。

アイルランドでは、九年戦争後の一七世紀前半には、二つの政治勢力が存在していた。カトリックながら王への忠誠を持つ「オールド・イングリッシュ」と、プロテスタント（国教会）の「ニュー・イングリッシュ」の二つである。イングランドにおける宗教上の対立の激化はアイルランドに影響を与えないわけにはいかなかった。一六四一年、アルスターでゲール系ながら「オールド・イングリッシュ」のカトリック勢力が反カトリック感情の高まりに危機感を覚えて武装蜂起を起こし、プロテスタント数千名が殺害された（二〇万人から三〇万人もの大虐殺が行われたと誇張して伝えられた）。この武装蜂起は、たちまちアイルランド全土に広がり、全国組織のカトリック同盟が形成された。

イングランドでは、カトリックにも寛容なチャールズ一世に忠誠を誓う国王派と、ピューリタンが主流の議会派とが内戦に突入した。アイルランドにおけるカトリックの武装蜂起とプロテスタント殺害は、民衆の反カトリック意識を刺激した。この両派の戦争は、イングランド、スコットランド、アイルランドの三王国をまたがる戦いとなったので、「三王国戦争」とも称される。国王派はイングランドでの戦いに敗れ、国王チャールズ一世は処刑された。

議会派の軍事指導者で護国卿に任じられたオリヴァ・クロムウェルは、ピューリタン革命を完遂すべく、国内を固めるとともに、革命への抵抗勢力の拠点の一つであるアイルランド制圧を目指した。アイルランドではカトリック同盟と国王派との間で、議会を共通の敵とする講和・連携が成立していたからである。

一六四九年、クロムウェルは一万二〇〇〇名の将兵を率いてアイルランドに上陸し、九カ月のうちにアイルランド各地を席巻した。特に、ダブリン北方のドロヘダ、東部沿岸のウェックスフォードでは多くの人々を虐殺した。クロムウェルというと、英国では軍事・政治指導者としての功績が語られるが、アイルランドでは残虐行為で記憶されている。このアイルランド征服戦争は、一六四一年の武装蜂起の際、プロテスタントを大量虐殺したと伝えられたカトリックへの報復として正当化された。

このクロムウェルの遠征の後、アイルランド土地処分法が制定され、反議会派の地主の土地が没収され、植民の対象とされた。プロテスタントで、かつ、イングランド議会に常に忠実であった者以外は、みな「反徒」とされ、土地没収の対象となった。このクロムウェルの征服・土地処分によって、カトリックの「オールド・イングリッシュ」は政治勢力として一掃された。

名誉革命の余波

ピューリタン革命によって、イングランドは国王なき共和制に突入したものの、その時期は、長くは続かず、やがて王政復古となった。一六八五年に即位したジェイムズ二世はカトリック信者であり、再び議会のプロテスタント勢力との対立を招いた。

議会勢力は、カトリック化、絶対王政への復帰への危機感から、オランダ総督のオレンジ公ウィリアムに武力介入を求めた。ウィリアムはプロテスタントの擁護者としてオランダ軍を率いてイングランド南西部に上陸し、ジェイムズ二世はフランスに亡命した。オレンジ公ウィリアムは、ウィリアム三世として即位した。大きな武力衝突もないまま、議会とプロテスタンティズムを守る変革が実現したことで、この事件は「名誉革命」と呼ばれた。

アイルランドが影響を受けるのはその後のことであった。ジェイムズ二世はイングランドの王位奪還を目指し、フランスのルイ一四世の力を借りてまずアイルランドへ上陸した。アイルランドのカトリックは、ジェイムズ二世の到来をプロテスタントへの抵抗、イングランドへの抵抗の機会と捉えて、加勢することとした。この事態に、ウィリアム三世は、自らアイルランドに進撃し、雌雄を決することとした。この「二人の王の戦争」がアイルランドで繰り広げられた。

一六九〇年にダブリン北方で行われたボイン川の戦いが、天下分け目の戦いとなった。この戦いでウィリアム三世は、フランス・アイルランド連合軍に勝利を収め、ジェイムズ二世はフランスに逃げ戻った。残されたアイルランド軍も結局、一六九一年にリムリックで降伏した。名誉革命とはいうものの、アイルランドでは多くの血が流された。

この時、結ばれたリムリック条約は、カトリックを寛容に扱うことを約束していたものの、その後の展開はその通りには進まなかった。一六九〇年代から一七二〇年代にかけて、「刑罰法」と呼ばれる一連の反カトリック法が制定された。

その内容は多岐にわたる。許可証なき武器携帯の禁止、聖職者の国外追放、プロテスタントとカトリック間の通婚の禁止、カトリックの土地購入と長期契約での借地の禁止、国会議員の選挙権の否定、軍・行政機構・法曹界からの排除などである。

これらが、プロテスタント支配層の独占物となったアイルランド議会で次々に制定されていった。カトリックは、土地を奪われ、政治に関与する術《すべ》もなく、市民的・政治的権利も、社会的・経済的権利も大きく制約された。カトリックの土地所有率は、一六四一年には五九％であったが、一七〇三年には一四％と激減した。

イングランドでも、アイルランドにおいても、少数のプロテスタントの大地主が支配層を形成したことに違いはなかったものの、その意味合いは両者では異なっていた。イングランドでは、被支配層も多くがプロテスタントであったのに対し、アイルランドの被支配層は圧倒的にカトリックであり、少数のプロテスタントの入植者が多数のカトリックの先住民を支配する仕組みであった。それは、必然的に本国の権力を背景に植民地的な支配をすることに他ならなかった。

名誉革命体制で議会主権を確立した英国議会は、一七二〇年、アイルランドに対する立法権について、アイルランド議会よりも英国議会が優越することを規定する宣言法を制定した。英国との国制上の関係においても、アイルランドの地位は低下した。

「グレートブリテン及びアイルランド連合王国」の一部へ

こうした下降トレンド反転のきっかけとなったのは、一八世紀の世界史的事件である米国の独立とフランス革命であった。

一七七五年に始まった米国独立戦争は、英帝国に大きな動揺を与え、それは、アイルランドの境遇にも多大な影響を与えた。英国は、米国への派兵の必要や米側に参戦したフランスとスペインがアイルランドへ侵攻する懸念から、国内におけるカトリック勢力との緊張関係を緩和する必要が生じ、またカトリックをも軍に入隊させる必要が生じた。これらを背景に、カトリックに対する土地相続、借地、武器保有、聖職者の活動などの制限が緩和された。

アイルランドに駐留する英軍をアメリカに移動させた軍事的空白を埋める必要が生じ、アイルランドで義勇軍が編成された。これは、プロテスタント主導による動きであったものの、防衛という本来の目的を超えて英国に対するアイルランドの自立性を求めるようになった。これを背景に、ヘンリ・グラタンら「愛国派」と呼ばれる議員は、英国議会で一七二〇年の宣言法を撤廃させ、アイルランドにおける立法権に関し、アイルランド議会の英国議会に対する自立性を回復した。

一七八九年のフランス革命は、さらなる影響をアイルランドにもたらした。国内のカトリックをフランスの側につかせないために、法曹資格、国会議員選挙権などで反カトリック法はさらに緩和された。

フランス革命に触発され、セオボルド・ウルフ・トーンを中心に「ユナイテッド・アイリッシュメン」という組織が作られた。当初はカトリック解放と議会改革を通じた民主化を求める穏健な運動であったものの、やがて急進化し、アイルランドの英国支配からの離脱と共和国化を求めるようになった。トーンは米国を経てフランスに渡り、一七九六年にフランスの協力を取り付けて、フランス艦隊とともにアイルランドに攻めこもうとするも、強風のため上陸ができずに終わった。ユナイテッド・アイリッシュメンは、一七九八年にも蜂起するが、鎮圧された。

英国は、高まる独立運動を危惧して、スコットランドの例にならって、アイルランドとの合同に動いた。イングランドは、一七〇七年にスコットランドと合同し、「グレートブリテン王国」を形成していた。首相のウィリアム・ピット（小ピット）がアイルランドとの合同による連合王国の形成を推進した。アイルランドでの反応はさまざまだった。アイルランド議会の英国議会に対する自立性の確保のために戦ってきたグラタンらは強い反対姿勢を示した。一方、ピットが合同を実現した暁にはカトリックへの制約を撤廃する考えを示していたこともあり、カトリックは英国への合同に期待した。

アイルランド議会での反対論は、ポストや爵位や年金の提供といった議員工作によって封じ込められ、アイルランド議会も合同法案を可決するに至った。一八〇一年、合同法の成立により、アイルランドは「グレートブリテン及びアイルランド連合王国」の一部となり、アイルランド王国も、アイルランド議会も消滅した。

解放者ダニエル・オコンネル

連合王国の形成とカトリックに対する制約撤廃はセットで構想されたので、連合王国の成立によって、カトリックへの制約撤廃が進められることが期待された。しかし、これは実現

ダニエル・オコンネル
（1775～1847）

しなかった。国王ジョージ三世がカトリックへの制約撤廃に後ろ向きの姿勢を示したからである。ピット首相は辞任し、カトリックの解放が課題として残った。

　これに取り組んだのが、アイルランド南西部のケリー県出身のダニエル・オコンネルであった。オコンネルは、数少ないカトリック土地所有者、弁護士であり、大衆を動員する才を備えていた。オコンネルは一八二八年に下院議員補選（死亡や辞任などでの欠員を補充するための選挙）に立候補した。カトリックには下院議員になることは認められていなかったが、立候補することは禁じられていなかったので、それに着目したものであった。オコンネルは、この選挙で三分の二以上の圧倒的な得票を得て、保守党候補を破った。この事態を見て、首相ウェリントン公アーサー・ウェルズリー（ワーテルローの戦いの総司令官）と内相ロバート・ピールは、国王ジョージ四世を説得してカトリック解放法を成立させた。これによって、摂政、総督、大法官を除くすべての公職がカトリックに解放され、カトリックにも下院議員、閣僚、判事、陸海軍の将官への道が開かれた。オコンネルは「解放者」と讃えられるようになった。

オコンネルが次に組織したのは、英国とアイルランドの合同を撤廃する合同撤廃運動であった。カトリックでも主要な公職に就く道が開かれたとはいえ、選挙権や議席数の制約から、政治参加には大きな限界があった。オコンネルはアイルランドが必要とする政策を英国議会から引き出すことは不可能と考え、合同撤廃によってそれを実現しようとした。

オコンネルは大集会を開くことで英国に圧力を加える戦術をとった。何十万人もの人を動員するオコンネルの大集会は「怪物集会」と呼ばれて、英国の脅威となった。一八四三年一〇月、ダブリンの北方のクロンターフの地で集会を予定したのに対して、英国が中止命令を出した。合法の範囲で活動する考えのオコンネルは、これに従って集会を中止した。これは、支持者の失望を招き、オコンネルの声望と影響力は大きく傷つく結果となった。

ジャガイモ飢饉

一九世紀の半ばのアイルランドを大きな災厄が襲った。ジャガイモの疫病による大飢饉である。この疫病は、米国から一八四五年にヨーロッパ諸国に広まったが、特に、アイルランドに大きな被害をもたらした。アイルランドは、寒冷な気候、痩せた土地でも耕作が可能なジャガイモへの依存度が極めて高かった。特に、零細農にとっては生存の頼みの綱であった。

そのアイルランドを一八四五年からジャガイモの凶作が襲った。餓死者のほか、栄養失調の中、チフスなどの疫病で死亡する者も多かった。地代が払えず住居から追い立てられ、米国などへの移民を余儀なくされる者も続出した。

この危機に、英国政府は有効な対策を取らなかった。当時、英国では、国家が経済活動に介入することを否定する自由放任主義が信奉されており、また、アイルランドの救済はアイルランド自身でなされるべきとの考え方が取られた。救貧法により貧民を救貧院という収容施設に収容しようとしたが、とても規模が足りず、たちまちパンクした。民間レベルの慈善活動も行われたが、焼け石に水であった。この大飢饉のさなかにアイルランドからブリテン島に向けて食糧輸出がなされていたことも、英国への怒りをかきたてた。

アイルランドの人口は、ジャガイモ飢饉前の一八四一年の国勢調査では約八二〇〇万人、大飢饉後の一八五一年には約六八〇〇万人とされる。実に人口の一七%が失われたことになる。約一〇〇万人が死亡し、約一二〇〇万人に及ぶ人々が移民したと推計されている。この時期に米国に移民した者の多くが、強い反英感情を持つに至った。

武力闘争・土地戦争

大飢饉の後、アイルランドでは、武力によって独立を果たそうとする動きが現れた。イタリア統一を目指した青年イタリア党に触発されて、アイルランドでも青年アイルランド派が結成された。青年アイルランド派は、合法の範囲で活動しようとするオコンネルの方針には満足せず、武力による独立の達成をも視野に入れていた。大飢饉のさなかの一八四八年は、欧州大陸諸国が革命に揺れ動いた年であり、青年アイルランド派は、フランス二月革命に鼓舞されて蜂起を企てるも鎮圧された。

その一〇年後の一八五八年には、アイルランド系米国人の支援を受けてアイルランド共和主義者同盟（IRB）が設立された。IRBは武力闘争によって英国から独立して共和国を建設することを目指し、一八六七年に蜂起するが失敗に終わった。

こうした武力闘争の失敗から、アイルランドの地位向上、民族自決を求める運動の焦点は、土地問題に移っていった。土地は富を生む源泉で、土地の収奪・植民は、英国のアイルランド支配の根幹であった。さらに、大飢饉を経て、地主層と借地層との利害の相違が大きくなっていた。大飢饉以降、借地権の安定、公正な地代、借地権転売の自由を求める農民運動が起こっていた。

ここで土地問題に取り組む政治家がアイルランドにも英国にも現れた。アイルランドでは、プロテスタントの地主層の出身ながら、農民層の地位向上に強い熱意を持つ下院議員のチャールズ・スチュワート・パーネルだった。パーネルらは、農民組織を糾合して土地問題の改善を求める全国組織「アイルランド土地同盟」を作り、土地戦争と呼ばれる運動を組織した。

英国では、当時の二大政党の一つである自由党の党首ウィリアム・グラッドストンだった。IRBの活動は、グラッドストンに「アイルランド問題」を何とか解決する必要性を痛感させた。グラッドストンは、「アイルランドを平和にする」ことに強い意欲を抱いた。

こうした動きを英国における選挙制度の改革の進展が後押しした。選挙権が拡大され、資産階級のみが選挙権を持っていた時代に終止符が打たれた。秘密投票が確保され、小作農が地主の意向を顧慮することなく投票できるようになった。これにより、英国の下院においてアイルランド選出の議員が果たす役割が増大した。アイルランドからの突き上げにより、アイルランドの問題が英国の議会制民主主義の枠組みの中で議論されるチャネルができた。

グラッドストンは、一八六八年からの第一次政権に続いて、一八八〇年からの第二次政権において、小作農の地位向上に資する土地法を数次にわたって成立させた。パーネルは、これをもって矛を収め、「土地戦争」は終結した。

自治法案

パーネルが次に目標としたのは、自治議会であった。アイルランド議会は、一三世紀末以来存在していたものの、一八〇一年の英国との合同によって廃止されていた。パーネルはアイルランドの利益を図るためには、自治議会の設置が必要と考え、アイルランド議会党を通じてその実現を図った。

この考えに乗ったのが、一八八五年一一月の総選挙の後、第三次政権を担ったグラッドストンであった。グラッドストンには、アイルランド問題への年来の政治的信条に加えて、議会運営上の事情もあった。一八八五年一一月の総選挙で、パーネルのアイルランド議会党は、アイルランド選挙区一〇三のうち八六議席を占めて、英国の下院でのキャスティング・ボートを握ったからである。グラッドストンの自由党は、三一九議席とライバルの保守党の二四七議席を抑えて第一党となったものの、過半数三三六を制するためにはアイルランド議会党の協力が必要であった。

グラッドストンは、アイルランド議会党の協力を得て政権を組織すると、従来の方針を転換し、自治法案の成立を目指すこととした。これは、一八〇一年の合同以来の超党派の方針を破るもので、大きな賭けであった。翌一八八六年にグラッドストンは、議会に自治法案(第一次)を上程したものの、自党のジョセフ・チェンバレンらの造反もあって否決された。チェンバレンらは自由党から脱党して自由ユニオニスト党を結成し、自由党のライバル政党の保守党と連携するようになった。また、パーネルが既婚女性とのスキャンダルで失脚し、アイルランド議会党は分裂した。

グラッドストンは、これで諦めることなく、一八九二年に政権に復帰して、第四次政権を担うと、一八九三年に第二次自治法案を提出した。しかし、この法案は、下院は通過したものの、保守勢力の強い上院で否決され、グラッドストンは、翌年、政界を引退した。

その後、英国の政権を担った保守党は、グラッドストンの自由党とは異なり、小作農の土地購入を支援して自作農を積極的に作り出すことでアイルランド問題への対応を図った。これは、「温情による自治の否定」とも呼ばれる政策であった。保守党のこの政策により、多くの自作農が生まれた。しかし、アイルランドが英国に従属する問題の根本的解決にはならなかった。

自治議会の設置が行き詰まる中、一九世紀の末頃から、アイルランドの知識人の間には、文化面に着目してアイルランド人のアイデンティティを見出そうとする動きが盛んになった。対象となったのは、アイルランド語（ゲール語）、アイルランドの伝統スポーツ、アイルランドの文芸・演劇である。ゲール語連盟は、会話人口が著しく減りつつあったアイルランド語の保存と普及に努めた。ゲーリック競技協会（GAA）は、古くからアイルランドで行われてきたスポーツであるハーリングとゲーリック・フットボールを復活させた。W・B・イェイツやオーガスタ・グレゴリー（グレゴリー夫人）らはアビー・シアターを設立し、アイルランド独自の演劇を発展させた。

このように、カトリックの権利回復と土地問題に進展はあったものの、武力闘争は鎮圧され、自治議会の設置は英国政治の壁を突破できず、民族自決への道筋が見えない中、アイルランドは二〇世紀を迎えたのである。

Column ① アイルランド語

多くの人からアイルランドの使用言語は英語と思われており、その理解は間違いではないが、憲法上、第一公用語はアイルランド語（アイルランド島で用いられてきたゲール語系統の言語）で、英語は第二公用語の位置付けである。

アイルランド語は代表的な語順が動詞（V）、主語（S）、目的語（O）の順に置かれるVSO型の言語の一つで、この点で日本語（SOV型）とも、英語（SVO型）とも別系統の言語である。アルファベットを用いるが、J、K、Q、V、W、X、Y、Z以外の一八文字しか使わない（外来語についてはその限りではない）。名詞には男性名詞と女性名詞がある。多くの人が意識しないで使っているアイルランド語の単語は、マック（息子）であろう。姓のマッカーサーはアーサーの息子という意味から来ている。

アイルランドにおけるイングランド／英国による支配の歴史は、アイルランド語退潮の歴史でもある。もともと住民の大部分がアイルランド語を話していたが、一二世紀に始まるイングランドの支配により、英語が持ち込まれることとなった。

植民者も土着化したので、一三六六年のキルケニー法は、植民者にゲール系との結婚やアイルランド語の使用を禁じたほどであった。ところが、宗教改革、名誉革命、ピューリタン革命を通じて、イングランドのアイルランド支配が強化され、さらに大規模な植民がなされるにつれて、アイルランド語話者の数が減少した。さらに、一九世紀半ばのジャガイモ飢饉が大きな打撃を与え、一八四五年の時点では、四〇〇万人がアイルランド語を話していたが、五一年にはその数が半減したとされる。貧しい西部と南部にアイルランド語話者の割合が高かったが、ジャガイモ飢饉はまさにそれらの地域を直撃したからであった。

一九世紀末から二〇世紀初頭にかけて勃興したナショナリズムの動きの一つは、アイルランド語の保存と普及を目指すものであった。このため、一八九三年にダグラス・ハイドを総裁としてゲール語連盟が創設された。ゲール語連盟は、日常言語としてのアイルランド語の再興を目指し、主に話し言葉として残存していたアイルランド語を書き言葉として標準化するとともに、ゲールタハトと呼ばれるアイルランド語使用地区での語学学習などの活動を行った。ハイドはゲール語連盟は非政治的組織であるべきと考えたが、結果的に、ゲール語連盟からは、多くの独立運動の指導者が輩出されることとなった。

例えば、エイモン・デ＝ヴァレラである。当時、大学の教職に就くためにはアイルランド語の能力が求められており、数学の教授を目指していた彼は一九〇八年にゲール語連盟に加盟した。デ＝ヴァレラは、ここでアイルランド語の教師シネイド・フラナガンと出会い、二人は一九一〇年に結婚、生涯の伴侶となった。ゲール語連盟での活動がデ＝ヴァレラをアイルランド義勇軍への参加、イースター蜂起への参加への端緒を作ることとなる。

アイルランドは一九二二年にアイルランド自由国として独立し、一九三二年から国政を担ったデ＝ヴァレラは国民を統合するナショナル・アイデンティティとしてアイルランド語を重視した。彼がイニシアティブをとった一九三七年憲法は、前記の通り、アイルランド語を第一公用語とするとともに、重要な国家機構についてはアイルランド語で表すことにこだわった。例えば、首相はティーショク、副首相はトーニシュタ、国会はウラクタスである。これらの用語は、英語での公式文書、新聞などの報道においても用いられる。

こうした経緯もあり、新生アイルランドではアイルランド語の使用が広がることが期待されたが、実際にはそうはならなかった。人々は英語になじんでおり、国政のあり方を討議し、行政を進めるためには、英語を使うほかなかった。

アイルランド語は、英語を用いて教育を行う初等学校、中等・高等学校においても必須科目とされた。しかし、学習のニーズ、教師の質などの問題から、生徒が意欲を持って学ぶ状況とはならず、「押しつけ」と批判され、「アイルランド語教育の失敗」が議論され続けてきた。学校の必須科目として、また、公務員や教員になるための試験科目として勉強するものの、それが終われば、用済みになってしまうことが多い状況となった。

二〇一六年の国勢調査の結果では、国民の約四〇%の一七六万人が「アイルランド語を話せる」と答えているものの、これは「話せる」の範囲をかなり広くとった回答と解されている。同じ調査で、学校以外で日常的にアイルランド語を話しているかを尋ねると、その数は一・七%の約七万四千人に下がる。アイルランド語使用地区においても、常用する者の数は減少している。

その一方で、アイルランド語にとって心強い動きも見られる。あらゆる教科をアイルランド語を用いて教える小学校、中等・高等学校の数が増え、これらの学校で高い教育成果を示しているのだ。都市部における教育水準の高い家庭でこうした学校が強く支持され、アイルランド語教育の小学校は一九七二年には一一に過ぎなかったが、二〇二一年には一八五に増えた。

　アイルランド語は二〇二二年よりＥＵの公用語としてフルに使用されることとなった。
アイルランド語は一九七三年の欧州共同体（ＥＣ）加盟によって条約で使用される言語となり、二〇〇七年にＥＵの公用語となった。この時点ではすべての公式文書がアイルランド語に訳されなくてもよい経過期間が設けられていたが、これが終了したものである。

　言葉自体の持つ力という点では、アイルランド語で生み出される文学作品が注目される。
例えば、一九五二年生まれのヌーラ・ニー・ゴーノルは、アイルランド語で詩作を続け、翻訳を通じて海外からも高く評価されている。若手の詩人たちも活躍している。

第一章　共和国を目指して

一九〇〇～一九二三年

一　イースター蜂起

三つの潮流

二〇世紀に入って、アイルランドの地位向上、民族自決を目指す動きには、三つの潮流が並存していた。

第一の潮流は、アイルランド自治議会の設置を求める流れであった。これは、一九世紀後半に英国議会で二度にわたって試みられた自治法案を実現させようとする考え方で、憲政的ナショナリズムと位置付けられるものであった。

ジョン・レドモンドが率いるアイルランド議会党がその推進役であったが、見通しは決して明るいとはいえなかった。英国議会では、一八八六年以来、アイルランド自治に反対する

アーサー・グリフィス
（1871〜1922）

保守党と自由ユニオニスト党の連合が下院を支配していた。そして、第二次自治法案を阻んだ上院は保守勢力の牙城であった。

　これに対置される第二の潮流は、英国からの分離・独立を目指す動きであった。一九世紀に蜂起を試みたアイルランド共和主義者同盟（IRB）は、誓約により加盟する秘密結社の形態をとり、武力闘争をも手段の一つと考えていた。これは、革命的ナショナリズムの考えであるが、大きな勢力とはなっていなかった。

　第三の潮流は、第一の潮流では満足せず、かといって第二の潮流では過激すぎると考えるグループであり、合法的な手段で実質的な独立を果たすことを目指した。アーサー・グリフィスが提唱したのがこの路線であった。

　グリフィスは、一九〇五年には、「シン・フェイン」政策を提唱した。シン・フェインとは、アイルランド語で、「我ら自身」という意味である。アイルランドに議会を設立し、アイルランドの代表は英国議会からは身を引いて自らの議会に参画する。そして、経済的自立のために保護経済政策を行うというのがシン・フェイン政策の眼目であった。一九〇七年、グリフィスを中心に、シン・フェイン党が結成された。

ここで述べたナショナリズムの三つの潮流は、互いに影響を与えつつ、アイルランド独立に向けてのダイナミズムを作っていくことになる。

第三次自治法案

一九一〇年、英国議会の状況変化によって、第一の潮流に新たなチャンスが生まれた。ハーバート・アスキス首相率いる自由党は、一九〇八年に政権の座に就くと、海軍費と社会政策費で膨張する財政を土地課税を中心とした直接税でまかなう「人民予算」の成立を期した。ところが、土地に依拠する貴族が支配する上院が慣例を破ってこれを否決したため、人民予算の成立と上院の権限が国政の焦点となった。自由党政権は、国民の信を問うべく議会を解散した。一九一〇年一月の総選挙は、自由党二七四議席、保守党二七二議席と拮抗《きっこう》する結果となり、七一議席を獲得したアイルランド議会党が再びキャスティング・ボートを握ることとなった。

自由党は政権維持のため、レドモンド率いるアイルランド議会党に協力を求めざるをえなくなった。アイルランド議会党は、協力の条件として上院の拒否権を撤廃する議会法の改正を実現した上で、アイルランド自治法案を成立させることを求め、自由党はこれを受け入れた。

自由党は、上院の権限について、「財政法案については上院の拒否権は廃止、財政法案以外の法案は下院で三会期連続して可決された場合には上院の反対にかかわらず法律となる」との議会法の改正案を提出した。同法案は一九一一年議会法として成立した。

これにより人民予算が成立するとともに、一八八〇年代以来の課題であるアイルランド自治法案の成立の見通しが見えてきた。英国議会の下院において、アイルランド議会党が政権党の自由党と連携してキャスティング・ボートを握り、かつ、上院が拒否できない状況が生まれたためである。

アスキス政権は、一九一一年、第三次自治法案の準備に取り掛かった。最大の課題はアルスターの問題であった。

アルスターの抵抗姿勢

アイルランドは、全島で三二県から成っていたが、そのうち北部の九県がアルスターと呼ばれる地方であった。一六世紀末から一七世紀初頭にかけてのゲール系氏族の反乱の鎮圧後、アルスター地方の広大な土地が没収され、大規模な植民がなされた。これに加えて、その後、スコットランドから人口が流入したこともあり、アルスターはアイルランドの中でも例外的にプロテスタント系が多い地域となっていた。一九一一年の時点で、アイルランド全体ではカトリックが人口の七四%を占めていたが、アルスターに限ってはプロテスタントが五三%

を占めた。

こうした背景から、アルスターは、アイルランドの他の地域とは異なり、ユニオニズム（連合王国維持主義）が強い地域であった。

第三次自治法案の動きに対し、アルスターのユニオニストたちは、一九一二年九月、「アルスターの神聖なる同盟と誓約」という文書に二三万七〇〇〇人の男性が署名を寄せ、女性向けの同内容の文書にほぼ同数の女性が署名した。この文書では「アイルランドに自治議会を設立しようとする現下の陰謀の打倒に必要なあらゆる手段を行使する」こと、「かかる議会が押し付けられる場合には、その権威を認めない」ことを宣言していた。

ここでの「あらゆる手段」には、武力の行使が含まれており、実力をもってしても自治法の実施を阻止する構えであった。アルスターのユニオニストたちは、一九一三年一月には、「アルスター義勇軍」という非合法の武装組織を結成した。「権威を認めない」には国家権力への不服従が含意されるが、実際に、アイルランド自治が実施される場合にはアルスター独自の暫定政府を設立する方針が採択された。

これに対して、アイルランドのナショナリストの側も、ＩＲＢのメンバーがイニシアティブをとって一九一三年一一月に「アイルランド義勇軍」という武装組織を結成して対抗した。

内戦の危機

第三次自治法案は、一九一二年四月に議会に提出され、同年と翌一三年には、下院を通過するものの、上院で否決されるパターンが二度繰り返された。その間、前述の通りユニオニストの不満と強硬姿勢が募り、不穏な情勢となったため、アスキスはようやく重い腰を上げてアルスター問題の打開に向けて動き始めた。

アスキスは、アルスターは各県の意向で最初の六年間は自治議会の仕組みに加わらないことができるとの案を考えて調整を図った。アイルランド議会党のレドモンドは不承不承に受け入れたが、アルスター・ユニオニスト党のエドワード・カーソンはこれを「六年の執行猶予付きの死刑宣告」と受け止めて断固拒否した。

こうした中、さらに深刻な事態が起こった。アスキス政権は、一九一四年三月、不穏なアルスターの状況に備えるため、ダブリン西方のキルデア県カラの駐屯地の駐留英軍の部隊をアルスターに移動させようとしたが、士官七〇名のうち五七名が移動命令を拒否した。彼らはアルスターでユニオニストにアイルランド自治の受け入れを強いるくらいならば除隊を選ぶとの姿勢を見せた。政府の方針に軍の一部が公然と反旗を翻したのは、陸軍上層部にも、アイルランド駐留英軍の上層部にも、ユニオニズムの支持者がいたためであった。この「カラの反乱」によって、アスキス政権はユニオニストの反抗を軍事的に制圧する対応オプションを失った。

同年四月には、アルスター義勇軍は、ライフル二万五〇〇〇挺など大量の武器・弾薬をドイツから密輸した。英国の治安当局は、この動きを黙認した。これにより、アルスター義勇軍は重装備の武装組織となった。

これに対抗するナショナリストのアイルランド義勇軍も、七月にライフル一五〇〇挺などの武器・弾薬を密輸した。英国の治安当局は、発砲してこれを阻止しようとし、死者四名、負傷者が三〇名出た。この治安当局の対応の違いは、ナショナリストを憤激させた。

第三次自治法案を原案のまま強行しようとすれば、収拾のつかない軍事衝突となりかねない状況であった。こうして第三次自治法案によって英国が内戦の淵まで追いやられたところで大事件が起こった。第一次世界大戦の勃発である。第一次世界大戦はアイルランド情勢を取り巻く環境を大きく変えた。そのため、歴史家のR・F・フォスターはこれを「アイルランド現代史における最も決定的な出来事」と呼んだ。

第一次世界大戦の勃発

一九一四年七月二八日、オーストリア・ハンガリーがセルビアに宣戦布告し、第一次世界大戦が始まった。ドイツ、オスマン・トルコなどがオーストリア・ハンガリーの側に加わり（同盟国）、ロシア、フランスなどがセルビアの側に加わり（連合国）、英国も連合国側で参戦した。これにより、アイルランド問題と第三次自治法案をめぐる英国政治の対立構図は一変することとなった。

まずは大戦の勃発にあたって、自由党と保守党の二大政党が協力し合い、国内の対立を避けることとした。そしてアスキスは、自治法案の修正の代わりに停止法案を提出し、自治法案は「成立」させるものの、大戦の期間、実施は棚上げすることとなった。アルスターの扱いについて修正を施すかどうかの議論も凍結し、停止が解かれるときまでに解決するという狙いであった。自治法案による内戦の危機にさらされていたアスキスは、大戦の勃発というより大きな危機の発生に救われたのである。

大戦の勃発は、英国議会での与野党の対立を棚上げしたが、一方でアイルランドのナショナリストを二つの陣営に分裂させることにもなった。アイルランドが現に所属する英国への忠誠心を発揮してその勝利に貢献するか、それとも「英国の苦境はアイルランドの好機」と考えるかによって、大戦への対応が根本的に異なってくるからである。概して言えば、本章冒頭で述べた第一の潮流、すなわち憲政的ナショナリズムの者は前者の立場をとり、第二の潮流の革命的ナショナリズムの者は後者の立ち位置をとった。レドモンドは、自治法案の「成立」を見届けると、アイルランド義勇軍に英軍への志願入隊を訴えた。

アイルランド義勇軍は分裂した。レドモンドを支持する者たちはアイルランド義勇軍を離脱して新たに「国民義勇軍」を結成した。一七万人がこれに参加した。一方、戦争協力反対派は、アイルランド義勇軍に残った。数は一万三〇〇〇人程度であった。この数字の差が示すように、ナショナリストの中には、少なくとも開戦直後には戦争協力に賛成する者が多かった。

第一次世界大戦は大方の予想に反して長期戦となった。一九一五年五月、英国では戦時連立政権が成立した。アスキスが首相を続けたが、保守党の者、軍人が多く入閣した。保守党党首のアンドルー・ボーナー・ロー、カーソンといったユニオニストの自治法案反対派も要職で入閣し、自治法案の実施にはますます疑問符が付く状況となった。戦局は思わしくなく、一九一五年八月のトルコ西部のガリポリ半島上陸作戦ではアイルランド系の第一〇師団は大きな犠牲を出した。戦争協力を訴えたレドモンドらアイルランド議会党の立場は苦しくなった。

このような中、革命的ナショナリストの急進派の中では、「敵の敵」であるドイツと結んで武装蜂起を決行する計画が動いていた。

蜂　起

武装蜂起の計画の中核にいたのは、教育者のパトリック・ピアースやIRBの古参の活動家のトム・クラークらであった。彼らは、秘密組織のIRBの中に、さらに内密の軍事評議会を作って計画を練った。一方、アイルランド義勇軍司令官のオウン・マクニールは、蜂起は武装解除を求められる場合や徴兵制が敷かれる場合にのみ検討すべきという慎重な構えであった。ピアースらは、マクニールを蚊帳《かや》の外に置いて蜂起の既成事実を作る考えであった。

労働運動に従事してきた社会主義者のジェイムズ・コノリーもこの計画に加わった。コノリーは、ストライキの際、警官から労働者を守るための武装組織である「アイルランド市民軍」を率いていた。コンスタンス・マーキェヴィッチ（マーキェヴィッチ夫人）らが結成した「クマン・ナ・バン」（アイルランド語で「女性の結社」の意味）も補助組織として加わった。

武装蜂起は、ドイツからの武器援助を活用する計画であった。英外務省での勤務経験のあるロジャー・ケイスメントがドイツに渡り、ドイツと折衝していた。ドイツからの武器・弾薬の輸送を受けて一九一六年四月二三日のイースターの日曜日に蜂起をするという計画であった。

ピアースは、四月二三日、軍事教練を行う通知を部隊に発出した。実際には、訓練と見せかけつつ蜂起を決行する狙いであった。ところが、ドイツからの武器・弾薬の輸送は失敗に終わり、輸送船に同行してアイルランドへの潜入を試みたケイスメントは英国官警に逮捕された。蜂起の計画はマクニールに知れ、マクニールは二三日の活動を中止する旨の命令を発出した。

このように蜂起指導部にとってはマイナスの材料が重なっていた。それにもかかわらず、イースターの日曜日の朝、指導部は、翌二四日に蜂起を決行することを決定し、その旨、部隊に指示を伝達した。大戦は英国に対する蜂起の絶好の機会を作っていた。成功の可能性が高いかどうかよりも、機会を逃すべきではないとの判断が優先した。自治に甘んじるわけにはいかないとの危機感がそれを後押しした。

二四日、アイルランド義勇軍及びアイルランド市民軍のメンバー約一六〇〇人が蜂起した。ダブリン市中央部の重要な建物を占拠し、中央郵便局に本部を設置した。ピアースが蜂起の総司令官となり、中央郵便局前で「アイルランド共和国宣言」を読み上げた。ピアース、コノリーら七名が署名した文書であった。

鎮圧

英国の治安部隊は、二四日のうちに、総督府が置かれるダブリン城の防衛態勢を整え、占拠された建物への攻撃を開始した。翌二五日には、カラやアルスター地方の中心地ベルファストから増援部隊が到着し、ダブリンに戒厳令を布告した。ついで二六日には英本国から増援部隊が到着し、ダブリン市を流れるリフィ川を遡上してきた砲艦「ヘルガ」が砲撃を開始し、戒厳令をアイルランド全土に拡大した。二七日からは、蜂起軍の総司令部が置かれた中央郵便局を砲撃した。周辺は徹底的に破壊された。英国軍と蜂起軍との間には、圧倒的な兵力差があった。

二九日、蜂起軍の総司令官のピアースは降伏を申し入れた。六日間の戦闘により、四八八名が死亡した。蜂起軍六四名、英治安部隊一三二名、残りの死者は民間人であった。

この蜂起についてのアイルランドの一般の受け止めは、地域や宗教を問わず冷淡なものであった。特に、身内が大戦で従軍している者は憤激した。ダブリンでは戦闘による破壊や被害がもたらされただけに反発の声も強かった。蜂起を支援しようとする者は少なかった。

処刑の帰結

英国軍の現地司令部は、蜂起軍の投降後、三五〇〇名を逮捕し、一八七名を軍法会議にかけて、非公開かつ簡単な審理のみで八八名に銃殺刑の判決を下した。五月三日から、ダブリン市内のキルメイナム刑務所で蜂起指導者の処刑が開始された。まず、蜂起の首謀者であるピアースら三名が処刑された。九日には、重傷を負って自力で立つことのできないコノリーが椅子に縛り付けられたまま銃殺された。十二日までに一五人が処刑された。

この処刑は、アイルランドにおける蜂起への受け止め方を大きく変えた。蜂起に対する反発と非難が、英国に対する敵意と憤怒、叛徒に対する同情と賞賛に変わった。

現地司令部は、敵と結んでの武器をとっての反乱であり、厳罰に処するのは当然のことと考えた。それが軍隊のロジックであった。一方、英国とアイルランドとの積年の関係、英国の駐留軍によるアイルランドのナショナリストの処刑という性格、軍法会議での非公開かつ簡単な審理のみで処刑というやり方、蜂起指導者が従容として死に向かう姿から、軍隊のロジックを超えた反応がアイルランドの民衆から湧き起こった。アスキスは、危険な兆候を見てとって、急遽《きゅうきょ》、処刑を中断するように指示したものの、時すでに遅しであった。このイースター蜂起は、アイルランドのナショナリズムの構図を大きく変えるものとなった。今や、主流は、自治議会の設置を目指す憲政的ナショナリズムではなく、武器を手にとってでも英国からの分離・独立を目指す革命的ナショナリズムに移っていた。

グリフィスが設立したシン・フェイン党がその受け皿となった。グリフィスは、元来、英国王室との共存の中でのアイルランドの実質的な独立を目指す考え方の持ち主であり、武力闘争には否定的であり、武装蜂起で共和国樹立を目指したイースター蜂起の首謀者たちとは立場を異にしていた。ところがイースター蜂起を経て、蜂起参加者を含め、急進的なナショナリストの多くがシン・フェイン党に参加する展開となった。

二　対英独立戦争

デ＝ヴァレラとコリンズの台頭

イースター蜂起後、シン・フェイン党は快進撃を続けた。一九一七年、いくつもの下院補選で勝利を重ねた。歴史家のマイケル・ラファンは、この時期にこれらの補選があったことで、イースター蜂起後、刑務所からの出獄を許された「分離主義者は（野に下ってゲリラ戦争を始めるのではなく）政治的・憲政的な手段に導かれる」こととなったと指摘した。同年七月の補選にはエイモン・デ＝ヴァレラが出馬した。

エイモン・デ＝ヴァレラ
（1882〜1975）

デ＝ヴァレラは、一八八二年生まれで当時三四歳、数学教師の経歴を持ち、アイルランド語振興のゲール語連盟を通じてナショナリストの運動に加わった。イースター蜂起の際には、アイルランド義勇軍のダブリン第三旅団の司令官として戦った。デ＝ヴァレラは、軍法会議にかけられて死刑を言い渡されたものの、執行には至らなかった。

デ＝ヴァレラは、獄中で、イースター蜂起で逮捕されたアイルランドのナショナリスト達のリーダー格となった。デ＝ヴァレラよりも格上の蜂起指導者は、皆、処刑されていた。さらに、デ＝ヴァレラには、生来の威厳とカリスマがあった。

デ＝ヴァレラは、釈放直後に臨んだ補選でアイルランド議会党の地元有力者を相手に全投票の七割以上を占める圧勝劇を演じた。

シン・フェイン党の方向性を再定義するための党大会が同年一〇月に開催された。新たな党の綱領は、「独立の共和国としてのアイルランドの国際的承認を獲得する」ことを謳《うた》った。党の総裁にはデ＝ヴァレラが就き、結党以来の指導者のグリフィスは副総裁に下がった。デ＝ヴァレラは、就任挨拶で自分が総裁に選ばれたことはイースター蜂起で処刑された「勇敢な死者のための記念碑」であると述べた。「独立の共和国」を目指すという綱領とあわせ、イースター蜂起を継承する意図は明確であった。

シン・フェイン党大会の翌日、アイルランド義勇軍の大会も開かれ、デ＝ヴァレラを総裁に選出した。デ＝ヴァレラは急進的ナショナリズムの運動を政治と軍事の両面でリードしていく立場を得た。アイルランド義勇軍は新たな執行部を選任したが、この時、執行部入りした一人がマイケル・コリンズであった。

マイケル・コリンズ
（1890～1922）

マイケル・コリンズは、一八九〇年生まれで、デ＝ヴァレラよりも八歳若く、当時、二七歳だった。コリンズは、一五歳の時に学業を辞めてロンドンで郵便局の係官として仕事を始めた。ロンドン在住時に、ゲーリック・スポーツ振興のゲーリック競技協会（GAA）とゲール語連盟の活動に加わり、秘密組織のIRBにも宣誓・参加した。一九一六年一月にアイルランドに帰国し、その三カ月後に行われたイースター蜂起では、共和国宣言の署名者の一人であるジョゼフ・プランケットの副官として中央郵便局で戦った。蜂起部隊の投降後、逮捕されるが、獄中で、刑務所の待遇改善闘争などで指導者として頭角を現した。コリンズは、一七年秋には、IRB、アイルランド義勇軍、シン・フェイン党のいずれにおいても執行部入りをした。

徴兵制と「ドイツの陰謀」

一方、ロンドンでは、大戦が長引く中、アイルランド問題解決のめどが立たず、かえって状況は悪化した。一九一六年一二月にアスキスの後任首相となったデビッド・ロイド＝ジョージは、アイルランドのあらゆる勢力の代表が一堂に会するコンベンションを開催することとし、それを通じて自治法案に打開の方策が見出されることを期待した。しかし、成果は挙がらなかった。

一八年には大戦の戦局が悪化し、アイルランドにも徴兵制を実施しようとしたが、アイルランド側の激しい抵抗を受けて断念せざるをえなくなった。その一方、自治法の実施を避けるための理由が必要であった。そこで考案されたのが、「ドイツの陰謀」というストーリーだった。

一八年五月、英治安当局は、デ゠ヴァレラら七三名のシン・フェイン党メンバーを逮捕し、拘禁した。シン・フェイン党がドイツと共謀しているというのが表向きの説明であったが、根拠薄弱で英国への不信と怒りを高めることにしかつながらなかった。

一八年一一月、連合軍とドイツの休戦が実現した。四年超にわたった第一次世界大戦はようやく終結した。アイルランド議会党は、改めて自治法の実施を求めたが、ロイド゠ジョージは条件が整っていないとしてこれを拒んだ。

自治法の棚上げの継続、徴兵制の強行、「ドイツの陰謀」事件での大量逮捕といった動きは、シン・フェイン党が担う急進的ナショナリズムを強め、レドモンドのアイルランド議会党の立場を弱めることになった。

「アイルランド共和国」の独立宣言

大戦の終結を受けて行われた一九一八年一二月の英国の総選挙は、アイルランド情勢の分水嶺となった。この選挙に向けてシン・フェイン党が掲げた政策は、当選しても英国議会には登院せずに自らの議会を設立すること、大戦のパリ講和会議に対してアイルランド独立の主張を行うこと、独立が達成されたならば国民投票で共和国の政体を目指すことであった。

アイルランドの代表が英国議会から身をひいて自らの議会に参画することは、グリフィスが一九〇五年にシン・フェイン政策を提唱した時以来の主張であった。シン・フェイン党が泡沫政党である間は、単なる政治理念に過ぎなかったが、同党がアイルランド政治を掌握することとなれば、それは英国からの分離・独立の動きとなるものであった。

総選挙の結果、アイルランドに配分された一〇五議席のうち、シン・フェイン党は七割以上の七三議席を獲得する圧勝を果たした。デ＝ヴァレラらは「ドイツの陰謀」事件のため獄中からの当選であった。一方、前回の一九一〇年一二月の選挙で七四議席を獲得していたアイルランド議会党は七議席と惨敗した。この結果により、シン・フェイン党は、自らの掲げた政策に選挙民から信託を得たこととなり、選挙後、その実現に向けて動いていった。

翌一九年一月二一日、選出されたシン・フェイン党の議員はダブリン市長公邸に集まり、アイルランド国民議会を設立した。出席したのは二七名で、デ＝ヴァレラなど三四名は刑務所に拘禁されていた。そして、国民議会は、独立宣言を採択し、一九一六年のイースター蜂起によって「アイルランド共和国がダブリンにおいて宣言された」と述べつつ、議会としてアイルランド共和国の設立を批准するとともに、あらゆる手段を通じてこれを実効あるものとすると誓約した。

同じ日、南部のティペラリー県ソロヘドベグで九名のアイルランド義勇軍メンバーがアイルランド警察の警官二名を射殺した。この事件が宣戦布告なき戦争となったアイルランド独立戦争の始まりであるとともに、その後を特徴づけるゲリラ戦争の嚆矢《こうし》ともなった。

対抗国家の建設とゲリラ戦争

アイルランドは、独立の実現に向けて、対抗国家の建設、ゲリラ戦争、国際的な支持の獲得の三つの取り組みを進めた。

対抗国家の建設では、まず、政府の機構を整えた。デ＝ヴァレラはコリンズの工作により、二月にイングランド東部のリンカン刑務所から脱獄して帰国した。四月、国民議会は、デ＝ヴァレラを大統領とし、その下に国民議会政府として七名の閣僚を置いた。グリフィスは内相に、コリンズは財務相に、マーキェヴィッチ夫人は労働相に就いた。

財政基盤を確立するため、コリンズが中心となって債券を発行した。アイルランド義勇軍メンバーに「国民議会を支持し防衛する」という忠誠宣言を求め、その位置付けの明確化を図った（以降、アイルランド共和国軍〔ＩＲＡ〕と呼称する）。一九二〇年一月と六月の地方選挙で新国家の支持派が地方議会の大多数を占めて英国の総督府との関係を絶った。

アイルランドは、英国にゲリラ戦争を仕掛けた。ダブリンの拠点を占拠して英国治安部隊に市街戦を挑んだイースター蜂起とは異なり、独立戦争においては、ＩＲＡは自分たちに有利な時間と場所を選び少人数で奇襲攻撃をかけ、現地住民の助けも借りて逃走するゲリラ戦術をとった。全国各地のアイルランド警察の駐在所を主なターゲットとした。

コリンズは財務相の職務とともに、ＩＲＡの諜報部長としてゲリラ戦争でも辣腕を振るった。ダブリン首都警察の係官を寝返らせて機密情報を入手し、直属の「特別部隊」を編成してアイルランド警察やダブリン首都警察の諜報担当警官を暗殺した。

国際的な支持の獲得では、まず一九年一月に始まったパリ講和会議で独立への支持を得ようとした。米国のウッドロー・ウィルソン大統領は、民族自決を唱えており、アイルランドもこの原則から支持が得られると期待していた。一方、パリ講和会議での重要なテーマは、敗戦国の処分に際して民族自決をどのように考慮するかであった。戦勝国としてパリ講和会議の主役を担う英国からの独立が真剣に考慮される状況にはなかった。新国家はパリ講和会議に代表を送ったが、相手にされなかった。

一方で、デ゠ヴァレラは、一九一九年六月から翌年一二月まで米国に渡った。米国政府からアイルランド独立への支持を引き出すこと、アイルランド系米国人から資金を調達することを目的としていた。独立への米国政府の支持は得られなかったが、アイルランド系米国人からの資金調達と支持の獲得では成果を挙げた。

強圧策と報復戦術

アイルランドによる新国家構築の動きに対し、英国側は強圧策で臨んだ。英国政府は一九一九年九月、国民議会を含むあらゆる分離主義団体を非合法化して、その活動を抑えようとした。治安部隊の増強が緊急の課題であった。死傷者と離職者が続出して弱体化したアイルランド警察をてこ入れすべく、「ブラック・アンド・タンズ（黒と褐色）」と呼ばれる部隊と「補助部隊」が編成された。前者は大戦から戻ったものの職に就くことができなかった復員兵の部隊であり、制服の支給が間に合わずアイルランド警察の制服（黒っぽい濃緑色）と陸軍の制服（褐色）が混じっていたことからの呼称であった。後者は復員士官から成るエリート部隊であった。両者とも形式的には警察組織の一部であるものの、実態的には軍の兵士に近く、しかも、軍の規律に縛られない存在であった。この二つの部隊がＩＲＡのゲリラ戦に対する報復戦術の先頭に立った。

英国政府は、大戦の終結とともに、開戦時から棚上げにしてきた自治法案に決着をつける必要があった。二〇年二月、英国政府は、アイルランド統治法案として、アルスター地方九県のうち六県についてはベルファストに、アルスターの残り三県を含むそれ以外の二六県についてはダブリンにそれぞれ自治議会を設置する案を策定し、下院に提出した。どのようにアルスターを除外するかは、複数の案があったが、アルスターのユニオニストは「六県」の案を望んだ。将来にわたってもプロテスタントが決定的な多数を占めることが保証される最も広い地域が六県となるとの考え方であった。この法案は二〇年一二月、成立に至った。

暴力のエスカレーション

ブラック・アンド・タンズと補助部隊が本格的に投入された二〇年半ば以降、双方の暴力の応酬は激しさを増した。

一九二〇年一一月、「血の日曜日」事件が起こった。同日早朝、コリンズ指揮下の部隊がダブリン市内の各地で英国の諜報機関のメンバーと目された一二名を襲撃して殺害した。容疑者の捜索のために出動したブラック・アンド・タンズと補助部隊は、同日午後、ゲーリック・フットボールの試合が行われているダブリン市内のクローク・パークで無差別に発砲し、女子、子供、選手を含む一四名を殺害するという惨事を引き起こした。

同じく一一月、IRAの部隊が南部のコーク県キルマイケルで補助部隊のパトロール隊を待ち伏せ攻撃し、一七名を殺害した。一二月には、ブラック・アンド・タンズと補助部隊がIRAに対する報復としてアイルランド第三の都市コークの中心部にある多数の建物を略奪し、火にかける「コーク焼き討ち」事件が起こった。

ブラック・アンド・タンズと補助部隊は、残虐、無軌道な行動で、英国への反発をさらに高めることとなった。

潮目の転換

一九二一年に入ると、アイルランドは泥沼の状況になっていた。強圧策も報復戦術も、むしろ現地の反発と国内外での批判を生んでいた。英国政府は、プロパガンダ戦でも劣勢に立たされていた。さらに、大戦前の一九一二年から一九一四年の時期には、アイルランド問題は国政の最大の危機であったが、英国は、大戦後の国際秩序の変革によってトルコ、ギリシャ、パレスチナ、イラク、ロシアと世界各地での紛争や懸案にも直面していた。いつまでもアイルランド問題に悩まされているわけにはいかなかった。

一九二一年五月、IRAは、ダブリンの税関を襲撃した。前年一二月に米国から帰国したデ＝ヴァレラの指示によるものであり、デ＝ヴァレラはゲリラ戦術を嫌い、正面からの軍事作戦で成果を上げようとした。しかし、こうした正規戦では英軍にはかなわず、IRAは一〇〇人の逮捕者を出した。IRAの方でも、戦争の継続は苦しくなっていた。

同じ五月、北アイルランドでは、前年一二月に成立したアイルランド統治法に基づき、自治議会選挙を行い、アルスター・ユニオニスト党が五二議席中四〇議席を獲得し、同党のジェイムズ・クレイグ党首が北アイルランド自治政府の初代首相に就くこととなった。北アイルランド自治議会・自治政府の設置が固まったことで、ユニオニストが心配し続けてきたアルスターの地位は確かなものとなった。北アイルランド自治議会の開設の式典に国王ジョージ五世が臨席し、開会の演説を行うこととなった。

六月二二日、国王ジョージ五世は、ロイド＝ジョージと相談の上、クレイグが準備したものとは全く異なる演説を行った。「私は心の底から祈りたいと思います。今日、私がアイルランドを訪問したことが、人種や心情にかかわらずアイルランド国民の間の争いに終止符を打つための第一歩となることを」。この国王の演説は、むしろそこに含まれていない内容が重要であった。つまり、この演説にはIRAやシン・フェインへの批判は一切含まれていなかった。これは、和平に向けての明快なメッセージであった。

七月五日、非公式な仲介者を務める南アフリカ首相のヤン・スマッツがダブリンに来訪し、デ＝ヴァレラらシン・フェイン党の指導者と会談し、停戦と来るべき講和の下準備の会談を行った。七月九日、停戦合意が成立し、一一日に発効した。次なる課題は講和条約を結べるかどうかだった。

三　英愛条約と内戦

デ＝ヴァレラとロイド＝ジョージの事前会談

デ＝ヴァレラは一九二一年七月中旬、ロンドンに赴き、四回にわたってロイド＝ジョージと会談を行った。この事前会談はその後に行われる講和条約会議での争点が現れるものとなった。

ロイド＝ジョージは、アルスターの六県以外のアイルランドに帝国自治領の地位を与えることをもって解決したいとの考えを示した。帝国自治領とは、英本国からの政治的自立を求める現地からの要求に対して、英国が付与した地位で、カナダ、オーストラリア、ニュージーランド、ニューファンドランド、南アフリカの五つに認められていた。これはインドをはじめとする他の植民地には認められていない特別の地位で、内政などで高度の自治が認められるが、帝国の枠内であることには変わりはなかった。英国からすれば、極めて近接したアイルランドに対して、長年の論議があった自治議会の設置を超える高度の自治を認めることは大きな譲歩であった。

一方、デ＝ヴァレラからすれば、英国からの分離・独立、共和国の樹立を求めてきただけに、満足できるものではなかった。アルスターの六県の除外を認めるわけにもいかなかった。

準備不足のアイルランド

英国、アイルランドはそれぞれ講和条約会議の準備に着手した。

当時、英国政府は自由党、保守党の連立政権で、代表団には両党から参加することとなった。首相のロイド＝ジョージ、植民地相のウィンストン・チャーチル、大法官バーケンヘッド卿F・E・スミスなどであり、代表団には自治法案を推進した側も反対した側も入っていた。内部の厳しい協議を通じて、講和条約会議への対処方針も明確になった。本来の立場から離れて妥協を図る覚悟も固められた。どこまで譲ることができるのか、越えてはならないレッドラインは何かの判断も明確になっていた。

アイルランド側は、最高責任者のデ＝ヴァレラが代表団を率いるべきとの意見が大勢であったにもかかわらず、デ＝ヴァレラはこれを退け、本国に残ることを選んだ。グリフィス、コリンズ、経済担当大臣のロバート・バートンを中心とする代表団となった。デ＝ヴァレラはその理由として「英国が騙《だま》そうとしてもそれを避けて自らによって控訴審の役割を果たすため」であったと後で説明している。責任をコリンズらに負わせようとした企みとの見方もあるが、歴史家のJ・J・リーはこうした見方を退け、指導部内の統一の維持を考えたがための「判断の誤り」と評した。また、歴史家のディアマド・フェリッターは交渉団に課される「圧力を過小評価したもの」と捉えた。理由はともあれ、デ＝ヴァレラは独立戦争の際の訪米に続いて、困難な判断が求められるホット・スポットを避けることを選んだ。

代表団は、最終的に講和条約に合意する前に本国に請訓するようにとの指示を受け、全権であるにもかかわらず、最終的な判断権を持たないという難しい立場となった。英側では主要な政策決定者がこぞって参加する中、アイルランド側では最終的な判断権者が交渉に参加しなかった。交渉団と最終的な判断権者とが分かれたことは、後に内戦という形で国家の危機を招来する第一の原因となった。

準備段階でのアイルランド側の問題はこれにとどまらなかった。英側が対処方針を入念に準備したのに対し、アイルランド側では十分な準備はなされなかった。新国家の主要メンバーは革命家集団であり、「独立」、「共和国」、「三二県」といった理念を重視していたものの、想定される主要論点で政治的現実に向き合う準備ができていなかった。また、こうした交渉についての経験が決定的に不足していた。

英帝国との関係、アルスター問題

一〇月一一日、ロンドンで講和会議交渉が幕を開けた。アイルランドと英帝国との関係、アルスターの扱いの二点が最大の論点となった。その他に、英国による防衛施設の使用などの防衛条項も論点となった。

アイルランドと英帝国との関係について英側は、アイルランドは帝国自治領として英帝国の一部を成すこととなり、その一環として、国会議員には英国王への忠誠の宣誓が求められる旨主張した。これに対し、アイルランド側はデ＝ヴァレラによる「外的連携」の案を示した。これは、アイルランドは英国から分離・独立し、その上で自らの意思で外側から英帝国と連携する、英国王への忠誠の宣誓は行わない、という考え方であった。英側はこれを直ちに拒んだ。

英側はすでに北アイルランド議会を形成しているアルスター六県は、帝国自治領となるアイルランドから除かれる旨を主張した。これに対し、アイルランド側は、アルスター六県が希望する場合、北アイルランド議会に代表を送ることができるが、北アイルランド議会はダブリンに設立される全アイルランド議会に従属するという案を提示した。また、アイルランド側は、アルスター問題の重要性を強調し、他の問題である程度の譲歩はあり得るが、「アイルランドの本質的な統一」が確保されることが前提との立場をとった。

アルスターの扱いは、ロイド＝ジョージにとって難しい問題であった。講和条約交渉がアルスターの問題で決裂する場合には、民族自決の原則との関係で英国政府は国際的に非難の対象となることが見込まれたからであった。決裂するとしても、アルスターの問題で決裂することだけは避ける必要があった。

一一月一二日、ロイド＝ジョージは、グリフィスと会談した。ロイド＝ジョージは、このままでは交渉が決裂し、自分が辞任し、強硬ユニオニストである保守党のボナー・ロー政権となるとの見通しを伝えた上で、アルスター問題について、全アイルランド議会を設置することとするが、アルスター六県が望む場合にはそれから離脱することができる、ただしその場合には、国境委員会を設けて除外の範囲を確定させるとの案を打診した。グリフィスは、人口比からいってアルスター六県のうち、ティローン県とファーマナ県の大部分、アーマー県とダウン県の一部を取り返せるだろうとの期待を持った。ロイド＝ジョージは、一七日からの保守党大会が重要であるので、その間、この提案を拒否して自分を困らせないでほしいと要望し、グリフィスは、それを受け入れた。このやりとりが交渉の最後の段階で効いてくることとなる。

一一月三〇日、英側は、条約草案を改めてアイルランド側に提示した。アイルランドの代表団の中は真っ二つに割れた。グリフィス、コリンズは受け入れに賛成し、バートンは反対した。アイルランド代表団は、ダブリンに戻り、閣議で検討することとなった。しかし、一二月三日、閣議でも議論が噴出し、明確な立場を決めきれないうちに代表団と本国政府との協議は終了した。この協議では、何が獲得できれば受け入れるのか、何が獲得できなければ戦争を覚悟するのかを決断しなければならなかったが、そうしたギリギリの選択ができないまま、代表団はロンドンに戻ることとなった。これがアイルランドが国家の危機を招来する二番目の原因となった。

交渉の決着

代表団はロンドンに戻り、交渉を決定づける一二月五日を迎えた。ロイド＝ジョージは、ペーパーを振りかざしてグリフィスをなじった。「アイルランド側は意図的にアルスターの問題で交渉を決裂させようとしている、一一月一二日にアイルランドの首席全権代表はそうしたことはしないと言明したにもかかわらず、それに反することをしている」。

一一月一二日とは、ロイド＝ジョージがグリフィスに国境委員会について打診し、保守党大会の期間、この案を拒否して困らせないでほしいと頼んだ時のことであり、ロイド＝ジョージが振りかざしたペーパーはその時のやりとりを記録した文書であった。牽強付会《けんきょうふかい》な発言であったが、ロイド＝ジョージは交渉を通じてグリフィスをよく理解し、その弱さをついたものだった。グリフィスは自尊心が強く、自らの名誉を攻撃された時、傷つきやすい人物だった。

同時に、英側は、アイルランド側への妥協を次から次へと繰り出した。それは、この条約交渉の記録を著した歴史家のフランク・パケンハムの表現によれば、「あたかも手品師が帽子から鳩を取り出すよう」であった。バーケンヘッドが忠誠の宣誓でコリンズが手交した案を受け入れ、チャーチルが防衛条項の修正を受け入れた。

これに対しグリフィスは発言を求め、自分はこれに署名する旨を発言した。他の代表団と相談もせずにそれを述べた。ロイド＝ジョージの作戦は見事に功を奏した。

これを受けて、ロイド＝ジョージは、アイルランド側のすべての全権が署名することを求め、それでなければ合意は成立しない旨を述べた。「これは平和か戦争かの問題だ。アイルランド代表団が国民議会に受け入れを勧告することとしたとの書簡と、交渉が決裂したとの書簡の二つを用意してある。後者を送れば、三日のうちに戦争だ。いずれかをベルファストに伝達するために特別列車と駆逐艦が用意されている」。ロイド＝ジョージは、午後一〇時までに受け入れか拒否かを回答するようにと迫った。日が回って一二月六日午前二時一〇分、両国代表団は、条約に署名した（以下「英愛条約」と呼称する）。

アイルランド代表団は、最終的に条約案を受け入れる前に本国に請訓することとされていたものの、その手続きは踏まれなかった。グリフィスが首席全権代表とはいえ、他の全権代表との相談を経ることなく、署名する旨を発言したのは、弱さの表れであり、歴史家のロナン・ファニングが指摘するように「愚かであるとともに、ナイーブ」なものだった。交渉で最も難しいのは、本来の立場から降りて相手と妥協する時である。それを支障なく進めるためには、意思決定に関わる関係者を巻き込んで「それしかない」ことを一緒になって判断していくプロセスが必要である。ところが、アイルランド代表団はそこで汚点を残すこととなった。

このようにグリフィスが弱みにつけこまれて、自らの誠実さを示すために「勇み足」を犯し、それも一因となって本国の指示に反して代表団が条約に署名をしたのは、国家の危機に至る第三の原因となった。

英愛条約の批准

ここで、英愛条約の主要な条項を整理しておこう。

アイルランドは、英帝国との関係では、カナダなどと同様に帝国自治領の地位となり、「アイルランド自由国」と呼ばれることとなる（第一条）。英帝国の駐愛代表はカナダへの総督と同様の形で任命される（第三条）。アイルランドの国会議員は、アイルランド自由国憲法に対する忠誠と誠実、国王ジョージ五世とその相続者に対する誠実を宣誓する（第四条）。

条約の批准から一カ月以内に北アイルランドがこの条約の対象から離脱する意思を示す場合には、この条約は北アイルランドには適用されない。その場合、三名からなる国境委員会が設置され、経済的及び地理的な条件に合致することを条件に住民の意思に従って北アイルランドとアイルランドのその他の地域との境界を決定する（第一二条）。

防衛については、アイルランドは、英国に対し、平時において付属に掲げる港湾及び施設を使用に供する（コーク県のベレヘイヴェン、コーク県のクイーンズタウン、北西部のドニゴール県のロッホ・スウィリィ）。戦時においては英国が防衛に必要とする施設を使用に供する（第七条）。こうした内容であった。

アイルランド本国には、一二月六日のうちに、代表団が条約に署名したとの衝撃的な知らせが伝わった。デ＝ヴァレラは南部のリムリックに滞在中であった。デ＝ヴァレラの口から漏れたのは「ノー」という言葉のみであった。デ＝ヴァレラはその日のうちにダブリンに帰着した。デ＝ヴァレラは代表団が署名した条約に反対することを決断した。

講和条約は誰がどのように交渉しても、アイルランドの本来の立場からはかなりはずれたものとならざるをえなかった。デ＝ヴァレラは、講和条約交渉の事前会談でロイド＝ジョージと直接にやりとりをして、妥協が求められることを誰よりもよく知っていたはずであった。デ＝ヴァレラが条約に反対したのは、それが妥協であったからではなく、「デ＝ヴァレラ自身による妥協でなかったから」（ロナン・ファニング）と考えられる。自分のシナリオが狂ったところでどうするのか。そこでリーダーとしての資質が問われる。それを飲み込んで賛成するのか、欠陥を指摘して反対するのか。デ＝ヴァレラは、自らのリーダーとしての権威が傷つけられたことへの反発から後者の道を選んだ。これは、アイルランドがこの条約をめぐって内戦という国家の危機に至る四番目の、そして決定的な要因となった。

八日、代表団が帰着し、閣議で激論となった。閣僚七名が、賛成四名（グリフィス、コリンズ、バートン、地方行政相W・T・コスグレイヴ）、反対三名（デ＝ヴァレラ、防衛相カハル・ブルーア、内相オースティン・スタック）と割れた。ただし、最終的な判断は国民議会での討議に委ねられた。

国民議会でも、条約賛成派と条約反対派の二つに割れた。議論の焦点となったのは、帝国自治領の地位にとどまる点であった。条約反対派は、国民議会が批准した「共和国」に反することを問題とした。英国王への忠誠の宣誓が「共和国」と相いれないことも問題視された。一方、条約賛成派は、条約が現状で獲得できる最大限のものであるとしてこれを受け入れることを主張した。コリンズは国民議会の討議で「この条約は自由を与えるものだ。すべての国が希求する完全な自由をもたらしはしないが、それを実現する自由を与えるものだ」と主張してその受け入れを求めた。これは、理想主義と現実主義のぶつかり合いであり、原則と現実の相克であった。

一九二二年一月七日、国民議会の投票が行われた。賛成六四、反対五七。アイルランドの国民議会は英愛条約を批准することを可決した。

国内の分裂

英愛条約をめぐってアイルランドの国内は二つの陣営に引き裂かれた。多数決の原理が働くためには、少数となった側が自分たちの意見よりもルールを優先することが必要であるが、条約反対派の共和国への強い思いから、そうならなかったからである。

まず、政治指導者のレベルで分裂が深刻化した。条約反対派のデ＝ヴァレラらは国民議会の議場を退出し、デ＝ヴァレラに代わってグリフィスが大統領に就任した。賛成派は英愛条約に基づいて、アイルランド自由国暫定政府の樹立に動き、コリンズを議長とする暫定政府が樹立された。一月一六日、総督府から自由国暫定政府に統治権が引き渡された。デ＝ヴァレラら反対派は自由国は共和国の裏切りであるとの立場をとり、自由国の存在を認めなかった。

対英独立戦争の最前線に立ってきたIRAも分裂した。IRAの中には、英帝国に従属した立場となるためにこれまで戦ってきたわけではない、との思いを持つ者も多かったからである。自由国暫定政府は、IRAを統制下に置いて自由国軍として編成しようとしたが、軍の中の条約反対派は、これに反旗を翻した。IRAはあくまでも共和国を守るための軍であり、それを裏切った自由国に従うものではないとの理屈であった。IRAは、自由国軍と反政府軍との二つに分裂することとなった。

事態が動いたのは、四月一三日のことであった。ローリ・オコナーらの反政府軍がダブリンに所在する司法機関の中心的施設であるフォー・コーツを占拠した。暫定政府の権威に挑戦するためであった。

条約賛成派と条約反対派が対立する中、国民議会選挙（総議員数一二八）が六月一六日に行われた。シン・フェイン党条約賛成派は三八・五％の得票率で五八議席を獲得し、シン・フェイン党条約反対派は、二一・七％で三六議席にとどまった。条約賛成派は、労働党、農民党など他党も含めて七五％の支持率で九二議席を獲得した。

内戦の勃発

英国はコリンズに対してフォー・コーツ攻撃を開始するように圧力を加えた。英側は、自由国政府が行動を取らなければ、英側が自ら制圧に乗り出す可能性にも言及したので、コリンズも腹を決めざるをえなくなった。

六月二六日、自由国軍はフォー・コーツ攻撃を開始した。対英独立戦争をともに戦ったIRA同士の戦闘であった。英軍は一八ポンド野戦砲などの重火器を自由国軍に供与した。反政府軍はフォー・コーツに加えて、ダブリン市内中心部のグレシャム・ホテルなどの一角をも占拠して抵抗した。デ＝ヴァレラらの反対派の政治指導者もそこに合流して「ブロック」と称された。しかし、自由国軍の攻撃を受けて、まずフォー・コーツに立てこもっていたオコナーらの反乱軍が降伏した。七月五日、「ブロック」も持ちこたえることができなくなり、デ＝ヴァレラらは脱出した。こうしてダブリンの戦いは終結した。

反政府軍はダブリンを失ったものの、南西部の拠点を押さえていた。南部のコーク、リムリック、ウォーターフォード、西部の多くの地域が反政府軍の勢力に入っていた。内戦は自由国軍が南西部を制圧できるかの次の段階に入った。

南西部の戦いの最初の焦点はリムリックであった。七月一一日、自由国軍の増援部隊がダブリンから到着し、リムリック攻略作戦が開始された。反乱軍は抵抗を諦め、リムリックから撤退した。自由国軍は、勢いに乗ってウォーターフォードも攻略した。両者の間で激しい戦闘が行われたのは、リムリックの南方にあるキルマロックの付近であった。一進一退の攻防が続いたが、八月五日、自由国軍は豊富な増援部隊を得てこの戦闘に勝利し、反政府軍はさらに南部に退いた。

自由国軍の次なる目標は、南部の主要都市で反政府軍の牙城であるコーク市となった。自由国軍の東部総司令官のエメット・ドルトンは、海上からの上陸作戦と陸上の進撃とを組み合わせる作戦を立案し、八月八日からコーク市攻略に着手した。反政府軍は海上からの上陸作戦に虚をつかれ、一〇日、自由国軍は無抵抗でコーク市に入った。反政府軍はコーク市の北方のファーモイに一旦本拠を移すが、ファーモイも放棄せざるをえなくなった。反政府軍参謀長のリアム・リンチは、これからは移動部隊としてゲリラ戦争を戦うようにとの指示を下した。

グリフィスとコリンズの死

八月、自由国暫定政府は、南西部の反政府軍の拠点を攻略した点では成果を上げたものの、重要な政治指導者を二人失うこととなった。コーク市攻略の二日後の一二日、グリフィスが病死した。過労とストレスによる脳出血のためであった。五一歳であった。

その一〇日後の八月二二日、自由国暫定政府の支柱といってよいコリンズが戦死した。コリンズは、コーク県に赴いた際、ベール・ナ・ブラーで反政府軍の部隊の待ち伏せ攻撃を受け、応戦しようとして銃弾を頭部に受けた。三〇分の戦闘で死者はコリンズ一人であった。コーク市を陥落させたといっても南西部は反政府軍の勢力が強く、コーク行きは危険視されていた。コリンズはコークの出身であり、コークでの自分の身の安全の確保に自信を持ち、内戦の終結を探るためにコーク行きに踏み切ったものと考えられている。

誰がコリンズを死に至らしめたかについては、反政府軍のスナイパーによる銃撃、跳弾による不慮の死、英国の情報機関の関与、暫定政府内の立場が違う者による謀殺など諸説があり、真相は明らかになっていない。コリンズは、自由国暫定政府議長に加えて、七月からは国防軍総司令官を兼ねていた。三一歳の早すぎる死は巨大な空隙を後に残した。

コリンズの死後、自由国暫定政府の第二次政権が発足した。暫定政府議長のポストには地方行政相を務めていたコスグレイヴが就いた。経済担当相を務めていたケヴィン・オヒギンズが内相に就いた。

ゲリラ戦と処刑の悪循環

第二次政権の下、反政府軍への対応はより厳しいものとなった。それまで政治と軍事の最高権力者であったコリンズは反政府軍といってもかつての仲間との思いが強く、不必要な破壊と人命の損失を避けたいとの考えがあった。一方のコスグレイヴやオヒギンズは、もっと割り切っており、法と秩序を保つことの方が重要と考えていた。

反政府軍の反撃がゲリラ戦争の様相を呈したのに対し、暫定政府は強硬策で臨むようになった。九月二七日、公安法を国民議会に提出し、翌日、これを成立させた。銃器の無許可所持、自由国軍への攻撃の幇助《ほうじょ》・教唆に対して、死刑を含む罰則を適用できる軍法会議を設置する権限を自由国軍に与える内容であった。暫定政府は、これと並行して、一〇月一五日までに武器を放棄して暫定政府の権威を認めるならば、恩赦を与えると反政府軍に帰順を呼びかけた。一方、これに応じる者は少なかった。

暫定政府は、一〇月一七日、四名の反政府軍の兵士を処刑した。一一月一〇日、条約反対派のアースキン・チルダーズが暫定政府の官警により逮捕された。チルダーズは、対英独立戦争の際にはプロパガンダ戦で中心的な役割を担い、講和条約交渉にも書記として参加し、その後、反政府軍の側に身を投じていた。チルダーズは、拳銃の不法所持の罪で軍法会議を経て処刑された。皮肉にも、拳銃はコリンズから護身用に贈られたものであった。

　反政府軍参謀長のリンチは、一一月三〇日、公安法に賛成した閣僚、議員、上級裁判官、新聞の社主の射殺命令を出し、一二月七日、条約賛成派のショーン・ヘイルズ下院議員が暗殺された。これに対し、翌八日、暫定政府はフォー・コーツ占拠の首謀者であったオコナーら四名を処刑することで応えた。反政府軍は自由国の要人の家族の殺害、住居の放火を盛んに行い、暫定政府による処刑も翌一九二三年に入りさらにペースを増した。処刑とテロの悪循環が続いた。

終戦

　こうしてゲリラ戦を戦っていたものの、反政府軍は軍事的に局面を打開することは困難となっていた。反政府軍は、ゲリラ戦に際して重要な住民からの支持を失っていた。「私たちの最大の弱みは、国民の反感を招いたため、援助も、人材供給源も、情報も、物資提供も、移動手段も失ってしまったことである」といった証言がそのありさまを如実に伝えている。

　一方、反政府軍の全てが停戦を受け入れているわけではなかった。指揮官のリンチは戦闘の意欲を失っていなかった。決定権は軍幹部の手にあり、デ＝ヴァレラのような政治指導者が影響力を行使できる状況ではなかった。

　事態が動いたのは、戦闘継続の方針をとっていたリンチが四月一〇日に自由国軍の銃撃を受けて死亡したことだった。後任となったフランク・エイケンはもともと内戦の回避のために動いており、戦闘停止を実現したいと考えていた。五月二四日、エイケンは休戦と武装解除を命令し、内戦は終結した。

デ＝ヴァレラも同日、次のような宣言を行った。「諸君の側でさらなる犠牲を出すのは今となっては無駄であり、武力闘争の継続は国民の利益に照らして賢明ではない、当面のところ、軍事的な勝利は共和国を破壊した者たちのものとされざるをえない。国民の権利を守るために、別の手段が求められなければならない」。

内戦はようやく終結した。アイルランド自由国はアイルランドと英国のそれぞれの手続きを経て、前年の一九二二年一二月六日に正式に発足していた。しかし、内戦によって生まれた傷は深く、新国家にとってこれを乗り越えることは容易ではなかった。

Column ② スポーツ

アイルランドにおいては、スポーツも政治の色彩を濃厚に帯びる。

対英独立戦争とその後の内戦を二人の兄弟を通じて描いて、カンヌ映画祭でパルムドールを獲得した『麦の穂をゆらす風』（二〇〇六年）という映画がある。

この映画は、アイルランドの南部コーク県の農村で若者たちが空き地で球技の試合に興じる情景から幕を開ける。この球技はハーリングと呼ばれ、スティックでボールを扱い、敵陣のゴールを目指すアイルランドの伝統スポーツの一つである。試合が終わり、若者たちが村に戻ったところに英国の治安部隊「ブラック・アンド・タンズ」がやってきて、若者たちに銃を突きつけて言い放つ。「集会は禁止されている。お前たちのそのうすよごれたゲームとやらもだ」。若者の一人は英語で名前を言うよう指示され、拒絶して射殺される。この冒頭のシーンは、ハーリングにアイルランドの民族自決を目指す若者たちの精神を象徴させている。

アイルランドの伝統スポーツはゲーリック・ゲームズと呼ばれ、ハーリング（女性が競技するときにはカモーギと称される）とゲーリック・フットボールがその主な種目である。ゲーリック・フットボールは、サッカーに似ているが、ボールを手で持って四歩まで進むことが認められており、ボールを手や足でドリブルしたり、味方にパスしたりしながら、敵陣のゴールを目指す競技だ。

ゲーリック・ゲームズの復興は、一九世紀以来、アイルランド語とともに、アイルランドのアイデンティティを保ち、民族自決を目指す運動の重要な一つであった。

その担い手となったのがゲーリック競技協会（GAA）である。GAAは、一八八四年にマイケル・キューザックによって創設された。教会の一つの小教区（parish）ごとに一つのクラブを設置し、地域に根付いた活動を行うことを目指した。プレーヤーは自分の小教区のクラブに所属して活動することが義務付けられた。GAAと対英独立運動との関わりは深く、一九一六年のイースター蜂起で処刑された一五名のうち、五名がGAAの関係者であった。

現在、GAAは、世界中で約五〇万人（二〇一四年の統計）の会員がいるとされ、その多くがアイルランド在住であり、アイルランド最大のスポーツ組織である。

アイルランドのスポーツ界において、年間最大の行事が「オール・アイルランド」と呼ばれるゲーリック・フットボールとハーリングの各県代表の間でナンバーワンを決める大会である。郷土愛もあり、国中が熱狂する。決勝は、通例、GAAの最大のスタジアムであるダブリンのクローク・パーク（現在の収容人数は八万二三〇〇人）で行われる。

GAAの設立の背景には、アイルランドの若者がサッカー、ラグビー、ホッケー、クリケットといった英国由来のスポーツを愛好し、アイルランドのアイデンティティを失うことへの恐れがあった。このように英国由来のスポーツとの緊張関係があったので、一九〇五年に作られた会則の規則二七は、会員に「外国の競技」をプレイし、観戦することを禁じていた。つまり、GAAのメンバーはサッカーやラグビーをプレイしてはならず、また、そうした試合を見てもいけないという厳しいルールを課していた。

この規則二七の禁止が実際に適用された著名な事例としては、新憲法施行の翌年の一九三八年、初代大統領のダグラス・ハイド（ゲール語連盟の創設者）がアイルランドとポーランドとの間のサッカーの試合を観戦したため、GAAのパトロン（後援者）の資格を剝奪されたことが挙げられる。

また、GAAの規則四二がGAAの利益と対立する競技のためにその施設を使うことを禁じたため、クローク・パークは長くサッカーやラグビーの試合には用いられなかった。

こうした禁止や制限はその後、緩和された。規則二七は、テレビの普及によって非現実的なものとなったことなどから、一九七一年に廃止された。規則四二についても、二〇〇五年に緩和された。ラグビーやサッカーで用いられてきたダブリン市内のランズダウン・ロード・スタジアムが取り壊しとなり、その跡地にアヴィヴァ・スタジアムを新設するまでの期間、クローク・パークをGAAが管理する行事以外にも使用できるようにする動議が可決された。

このようにゲーリック・ゲームズと英国由来のスポーツとの境界線は以前よりも緩やかなものとなった。「ゲーリック・フットボールとラグビーの両方をプレイしていた」というアスリートに出会うこともある。ラグビーでは英国式の私立学校出身のプレイヤーが多いが、アイルランド・ラグビー協会は各地にクラブ組織を広げ、コミュニティに根付いた活動を行うよう努力を払ってきた。そのおかげもあり、ラグビーへの関心は国民レベルに広がっている。

スポーツには、「するスポーツ」と「見るスポーツ」があるが、サッカーは、どちらでも人気が高い。アイルランドにおいて男子のチーム・スポーツで最も人気の高い「するスポーツ」の一つはサッカーで、ゲーリック・フットボールと肩を並べる。「見るスポーツ」としても人気が高く、イングランドのプレミア・リーグを熱心にフォローするファンも多い。EURO二〇二〇でイングランド代表が決勝まで勝ち進んだ際には、多くのアイルランド人がこれを応援した（もちろん、対戦相手の方を応援する人もいたが）。イングランド/英国は、七五〇年の支配を受けた相手であるとともに、多くの制度を導入してきた国でもあり、家族や親族などを通じたつながりも深い。「反発」や「対立」だけでは割り切れない関係であることがこうしたところからもうかがわれる。

第二章　新たな国づくり
一九二三～一九四九年

一　内戦の勝者と敗者

戦時から平時へ

一九二二年一二月、アイルランド自由国が正式に発足した。英帝国内の自治領という地位ではあったが、実質的な独立を達成した。その約五ヵ月後の一九二三年五月、内戦が終結した。これにより、自由国は新国家の建設に注力することができるようになったものの、課題山積であった。

内戦の被害は深刻であった。人的な被害は対英独立戦争よりも大きく、国内で二派に分かれて戦っただけに亀裂と対立が残された。インフラは深刻な被害を受けており、国土は荒廃した。反政府軍が組織的な戦闘を停止したといっても、ＩＲＡの反政府活動が全て止んだわけではなく、国内の治安の安定を図る必要があった。

そうした課題に取り組む責任が自由国行政評議会議長のW・T・コスグレイヴの双肩にかかっていた。コスグレイヴは「カリスマ」というよりは「取りまとめ役」のタイプであると評されたが、指導者としての意志の強さを持っていた。コスグレイヴ政権は、実務型の政権であった。政権をともに担った同副議長兼内相のケヴィン・オヒギンズは「これまで革命を成功させた革命家の中で、われわれはおそらく最も保守的な性向の革命家である」という言葉を残した。コスグレイヴ政権は安定と秩序を重視した。

W.T. コスグレイヴ
(1880〜1965)

コスグレイヴは、戦時から平時への転換を図ろうとした。武力によって決着をつける時代から、議会制民主主義によって政策を決める時代への転換である。

英愛条約をめぐる分裂の後、与党は政府党、大臣党、条約党などさまざまな呼ばれ方をされた。要は、対英独立戦争の中核を担ったシン・フェイン党のうちの条約賛成派であり、それ自体で政党の形を取っていたわけではなく、独自の組織を持っていたわけでもなかった。

議会制民主主義の時代に備えるためには政党組織が必要であった。一九二三年四月、コスグレイヴは政党クマン・ナ・ゲール（アイルランド語で「ゲール人の結社」の意味）を設立した。一方、内戦で敗北した条約反対派の方も、戦いの場を政治に移そうとしていた。デ＝ヴァレラは、軍事的な方法で実現できなかったことを非軍事的な手段で実現する方針に転換した。シン・フェイン党は英愛条約によって分裂し、条約賛成派はクマン・ナ・ゲールを設立してシン・フェイン党から離脱していたので、デ＝ヴァレラは同年六月、条約反対派でシン・フェイン党を再起動させ、政治活動のプラットフォームとした。

コスグレイヴは内戦の終了、クマン・ナ・ゲールの始動を踏まえ議会を解散し、総選挙に打って出た。二三年八月に行われた総選挙で、クマン・ナ・ゲールは一五三議席中、六三議席を獲得して第一党となった。一方、条約反対派のシン・フェイン党もわずかな活動期間しかなかったにもかかわらず、四四議席という予想外の多くの議席を獲得した。条約反対派は自由国の国民議会の合法性を認めないというかねてよりの方針に従い議会に登院せず、それを除くとクマン・ナ・ゲールで過半数を占める形となった。一方、条約賛成派への支持は前年の総選挙に比して目減りして七割を切り、政府には厳しい状況であった。

国境委員会の結末

英愛条約の交渉の経緯から、自由国設立時の重要な政治課題は、北アイルランド問題への対応と主権の確立の二つであり、コスグレイヴ政権は、これらの課題でどれだけの進展が得られるかが問われた。

ジェイムズ・クレイグを首相とする北アイルランド自治政府は自らの基盤固めに余念がなく、自由国として統一の実現は長期目標とせざるを得ない状況であった。だが、当面の課題として、英愛条約の交渉の際に英国政府が約束した国境委員会で、どれだけカトリック多数の地域を取り戻すことができるかが残されていた。

しかし、国境委員会は英国・北アイルランドのペースで進んだ。委員は英国から一名、北アイルランドから一名、アイルランドから一名という構成であり、アイルランドから選出されたオウン・マクニール（当時、教育相。イースター蜂起時のアイルランド義勇軍司令官）は、二対一の数で圧倒された。さらに、英愛条約における国境の線引きの基準は明確さを欠いており、いくらでも解釈の余地があった。マクニールは、なぜか国境委員会を司法手続に類するものと考え、その討議の状況を自国政府に伝えなかった。

一九二五年一一月、国境委員会の討議状況が報道された。その内容は自由国政府に大きな衝撃を与えるものであった。カトリックの多いアーマー県の南を自由国に、プロテスタントの多いドニゴール県の東を北アイルランドに移すとのことであった。英愛条約の交渉当時、アイルランドの首席全権代表のアーサー・グリフィスは国境委員会によって北アイルランド六県のかなりの部分を取り戻すことできるのではないかとの期待を持ったが、そうした目算を大きく裏切る内容であった。

コスグレイヴは、急遽、ロンドンに赴き、英国首相のスタンレイ・ボールドウィンと協議した。コスグレイヴとしては、アーマーの南を得るよりは、ドニゴールの東を維持したいと考えた。結局、現状の国境の維持と対英債務の部分的免除とで折り合った。これは、北アイルランド自治政府のクレイグ首相を含めて三者間の合意として確認された。英愛条約交渉時にアルスター問題への対応としてアイルランドから期待された国境委員会は、こうして失望の結末となった。

英連邦の中で

このように「統一」については落胆の結果となったが、「主権」の方では、進展があった。英帝国全体の中で、帝国自治領の諸国の発言力が増していた。第一次世界大戦は、英帝国の総力戦となり、カナダ、オーストラリア、ニュージーランドなど自治領諸国は大きな犠牲を払ったが、それを通じて自治領の発言力が高まっていた。

一九二六年に帝国会議が開催された。英帝国内には、十九世紀以来、英本国と自治領や植民地との間で植民地会議という協議の枠組みが存在していたが、一九〇七年から帝国会議の名称に変更されていた。この会議において、英国と自治領諸国との関係が集中的に討議された。アーサー・バルフォア枢密院議長（元首相）の下に委員会を設置して検討を行った。カナダ、南アフリカ連邦、アイルランド自由国の三者が自治領の地位向上を強く主張した。

この帝国会議で採択されたバルフォア報告書は、英国と自治領諸国とは王冠への共通の忠誠で結ばれ、英連邦の一員として自由に結合しているが、同等の地位を有し、内政においても外交においても互いにいかなる従属関係にもないと規定した。英国内では、こうした自治領への譲歩への批判もあったが、自治領諸国からの自立の要求を踏まえ、英帝国の結びつきを維持するために必要な措置として取られたものであった。

このバルフォア報告書で示された英国と自治領との対等な地位は、一九三一年にはウェストミンスター憲章として英国議会により法的効力が与えられた。これは、その後のアイルランドと英国との関係の変化に大きな影響を与えることとなる。

コスグレイヴ政権にとって、外交は「主権」を主張する上で重要な分野であった。アイルランド自由国は、第一次世界大戦後に設立された国際連盟に加盟申請をした。他の自治領も加盟を認められており、アイルランドも一九二三年九月に加盟を果たした。アイルランドは、一九三〇年に国際連盟の非常任理事国に立候補し、当選を果たした。小国の立場を代表するというのが、その旗印となった。

コスグレイヴ政権の経済政策は、自由貿易と均衡財政を軸とするものであった。二〇世紀初頭にグリフィスが提唱したシン・フェイン政策は、国の独立のためには、経済的な独立が必要であり、そのためにはそれまで発展を阻まれていた国内産業を保護・振興していく必要があると唱えていた。一方、コスグレイヴ政権は、アイルランド経済にとって大きな市場である英国との関係、資本逃避の可能性などを考えると、そうした方向に舵《かじ》を切ることには慎重であった。経済史家のコーマック・オグラダは、コスグレイヴ政権の経済政策が「継続性と注意深さに裏打ちされ、他の時代であったならば時を経て成果を挙げることも見込まれる」ものであったと評したが、実際には、一九二九年に始まった世界的な恐慌の影響をまともに受けることになった。

コスグレイヴ政権は、社会的価値に関しては、保守的な政権であった。自由国憲法は女性に選挙権を認めたが、一九二五年、法律で離婚が禁止され、女性は公務員試験を受けることができなくなり、一九二七年には陪審員となることも制限された。一九二九年には、出版物検閲法が制定された。

デ＝ヴァレラの方針変更

デ＝ヴァレラにとっては、二三年の総選挙での躍進によって、コスグレイヴ政権への批判が強まれば、政権奪還も視野に入ってくる状況となった。そのためには、議会に登院しないことには話が始まらなかった。一方、議会への登院には、シン・フェイン党内で反対の声が強かった。シン・フェイン党は、グリフィスの時代から、英国のアイルランド支配を認めず、選挙で選出されても英国議会には登院しないという棄権戦術をとることが方針として採用されてきた。条約反対派は自由国の国民議会についても、「共和国」の原則を放棄した英愛条約に基づいてできたものとして同様の方針で対応してきた。すなわち、総選挙に参加して議席を獲得し、選挙民からの支持をアピールするものの、議会への登院はその権威を認めることになるのでしないという考え方であった。

二六年三月、デ＝ヴァレラは、国王への忠誠の宣誓を行わないで済むのであれば、議会にも登院してよいではないかとの議論を展開してシン・フェイン党の方針転換を図ったが、多数の支持を得ることができなかった。これを受けて、デ＝ヴァレラは党首を辞任した。デ＝ヴァレラは、自らの政党を作ることを決意し、五月、新党フィアナ・フォイル（アイルランド語で「運命の戦士たち」との意味）を設立した。

デ＝ヴァレラは、フィアナ・フォイルの政治目標として、共和国としての統一アイルランドの政治的独立の確保、アイルランド語の再興、平等な機会を実現する社会システム、土地の再分配、自給自足経済の実現を挙げた。自らの政党を手に入れたことで、デ＝ヴァレラは、忠誠の宣誓の問題さえクリアすれば、「共和国」派の旗印の下に議会での政治闘争に参入し、政権奪取を視野に入れることができる状況となった。

ところが、翌年、忠誠の宣誓のハードルはさらに高いものとなった。二七年七月、コスグレイヴ政権の柱石となっていたオヒギンズ行政評議会副議長兼法相がＩＲＡ活動家によって暗殺された。自由国政府は治安対策のための法的措置を強化することとし、公共安全法を導入するとともに選挙法の改正を行った。選挙の立候補者に対して立候補の段階で忠誠の宣誓を行う旨の宣言を求める内容のものであった。デ＝ヴァレラは、忠誠の宣誓を拒否する英愛条約反対以来の立場を貫いて選挙を通じた政治行動を諦めるか、従来の主張を翻して宣誓を行い議会入りするかの二者択一を迫られることとなった。

ここで、デ＝ヴァレラは、忠誠の宣誓は空虚な政治的な形式行為に過ぎないと宣言して議会入りを決断した。「デ＝ヴァレラは議会入りする」と聞かされた時、コスグレイヴは衝撃を受けた様子であったという。表向きの解説としては、この選挙法の改正は、フィアナ・フォイルを議会制民主主義の中に囲い込む意図であったとされる。一方、デ＝ヴァレラが拒否することを予想してフィアナ・フォイルの勢力をそぎ落とす狙いであった可能性も指摘されている。

同年八月、デ＝ヴァレラを始めとするフィアナ・フォイル議員は、議会に登院した。これは、アイルランドの議会政治における一時代を画する展開であった。これにより、デ＝ヴァレラは、自由国政府に対する「共和国」派の反対運動を議会内で展開できるようになった。これは、内戦を戦った条約賛成派と条約反対派が今や議場で雌雄を決することとなったということでもあった。デ＝ヴァレラが仕掛けた同年八月の内閣不信任案は可否同数となり、与党出身の議長の反対投票のため成立せず、同年九月の総選挙ではクマン・ナ・ゲールが勢力を盛り返し、デ＝ヴァレラは政権交代を果たすことはできなかった。そのため、政権交代が実現するかは、次の総選挙に持ち越されることとなった。

総選挙による政権交代

一九三二年総選挙の選挙戦は熾烈《しれつ》なものとなった。コスグレイヴは安定と継続を訴えた。一方、デ＝ヴァレラは、「共和国」「主権」に向けての強い姿勢をアピールするとともに、農民には土地年賦支払いの廃止（後述）、都市の労働者には保護主義的政策による雇用を訴えた。選挙の結果、フィアナ・フォイルは四四・五％の得票で七二議席を獲得して第一党となった。クマン・ナ・ゲールは三五・三％の得票で五七議席にとどまった。クマン・ナ・ゲールは内戦終了後の困難な一〇年の国家の運営をしてきたが、民衆は変化を望んだ。「コスグレイヴは他国の同時代の指導者に比較して失敗したわけではなかったが、歴史的な期待に応える点で失敗した」（J・J・リー）と評された。

これにより、内戦の勝者が内戦の敗者に政権を委ねることができるかが問われることとなった。新たな議会に初登院する際、デ＝ヴァレラは息子ヴィヴィオンを伴っていたが、ヴィヴィオンは拳銃で武装していた。他にも議会に登院する多くの者が武装しており、機関銃を持ち込んでいた者までいた。クマン・ナ・ゲール側が武力に訴えてでも権力の引き渡しを拒否するのではないかとも噂《うわさ》されたが、コスグレイヴにはそのような考えはなく、淡々とライバル政党に政権を譲った。

それは「人々の意思が勝利し、政府の民主的な交代が行われるという、コスグレイヴがそれまでの一〇年間に努めてきたことの最終的な結果」（マイケル・ラファン）を受け入れたものであった。政治ジャーナリストのスティーブン・コリンズは、「コスグレイヴが選挙結果を受け入れて静かにデ＝ヴァレラに権力を手渡したことは、内戦における非民主勢力に対する勝利と同様に、アイルランドの民主主義の将来にとって重要なことであった」と評した。

二　「デ＝ヴァレラ・モデル」の始動

デ＝ヴァレラ政権の発足

デ＝ヴァレラは、一九三二年三月九日に行政評議会議長（三七年一二月以降は首相）に就任し、国家の舵取りの任に就くこととなった。英愛条約をめぐる対立で権力を失ってから一〇年が経っていた。政治の世界でトップのポストに就く者の中には、そのポストで何を実現するかについて明確なビジョンを持って就任する者と、そうでない者がいるが、デ＝ヴァレラは前者の典型と言えた。「アイルランドの政府の首座に就いた者の中で、その権力を持って何をしたいかについてエイモン・デ＝ヴァレラほど明確な考えを持っていた者はいなかった」（ロナン・ファニング）と評された通りであった。

同日に組織された内閣で目を引いた特徴は、外相をデ＝ヴァレラ自ら兼任したことであった。対外関係、特に英国との関係の決定的な重要性を認識していたためでもあり、英愛条約をめぐって政府が割れ、内戦に至った苦い経験を生かしたものでもあった。閣議は全員一致の結論が出るまで時間をかけて行われたことも、その際の苦い経験を生かしたものだった。

デ＝ヴァレラは、早速、総選挙の公約の実施、かねてからの構想の実現に着手した。

経済戦争

デ＝ヴァレラはまず土地年賦の支払いを停止した。土地年賦の支払いとは、英国の保守党政権が二〇世紀初頭にとった自作農創出政策に関連したものであった。この政策に基づき、英国の国庫からアイルランドの小作農の土地購入費用を融資したので、対象の農家からその返済がなされていた。アイルランドが自由国となった後は、自由国政府が対象の農家から徴収して英国政府に送金していた。国境委員会をめぐる一九二五年の合意において、対英債務の多くが清算されたが、この土地年賦の支払いについては変更はなく、アイルランドは、英国に年額三〇〇万ポンドの返済を続けていた。これは、当時の国家の歳入の約一二％に相当するものであった。デ＝ヴァレラはこの英国への支払いを英国統治の下でアイルランド農民に課された不当な負担に起因するものとして打ち切った。

これは対英政策であるとともに、経済政策の一環でもあった。デ＝ヴァレラ政権は、コスグレイヴ政権の自由貿易政策から保護貿易政策に転換した。かつてグリフィスが提唱したシン・フェイン政策は、幼稚産業を育てるべく保護主義的政策を唱えていたが、それを実施するものであった。そのためにも国家財政の拡充が必要であり、土地年賦の支払い停止はそのための財源を得るものと捉えられた。

英国のラムゼイ・マクドナルド政権は、このデ＝ヴァレラ政権の対応に衝撃を受けて、家畜と乳製品を中心とするアイルランド産品に二〇％の関税をかける報復措置を取り、アイルランドも英国からの石炭、機械、鉄・鉄鋼製品に同率の関税をかける対抗措置を取り、「経済戦争」と呼ばれた。

この「経済戦争」は、英国を重要な輸出市場とするアイルランド国内の畜産農家に打撃を与え、ダブリンなどの都市部の工業部門も輸入原材料の高騰に苦しむこととなった。この経済戦争は一九三八年まで続くこととなる。

デ＝ヴァレラの保護貿易政策は大恐慌後の「一九三〇年代における国際貿易の全面的な崩壊の中にあって国際的にもさほど例外的なものではなかった」（コーマック・オグラダ）が、経済戦争の影響もあってこの時期の経済成長は鈍いものとなった。

主権の確立

デ＝ヴァレラが政権の座に就いて最も重視したのは、主権の確立であり、「共和国」の性格と相いれない制度を撤廃していくことであった。

自由国は自治領として英帝国の一部との位置付けのため、自らのあり方を自分で決める主権の行使には限界があった。自由国の法的構造を規定するのは、一九二一年の英愛条約と一九二二年のアイルランド自由国憲法の二つで、自由国の成立の経緯から前者が後者に優先するという仕組みだった。前章で見たように、英愛条約によって英国とアイルランドとの関係が規定され、それに基づいて自由国憲法が策定されていた。自由国憲法は憲法の改正を議会の決定によって行うことができるとの軽微な手続きを規定していたが、それを活用して、英愛条約の仕組みがその後にひっくり返されないようにするため、英愛条約に合致しない憲法改正を行えなくする規定が含まれていた。

一方、デ＝ヴァレラが政権の座に就いた一九三二年には、こうした法的構造に揺さぶりをかける余地が生まれていた。前のコスグレイヴ政権の努力により、一九二六年の帝国会議の際のバルフォア報告書、これを受けての一九三一年のウェストミンスター憲章によって、英国と自治領との地位の対等性が明確に定められていたためであった。対等である以上、自由国の法制度を変えることに英国が口を出すことはできない理屈となる。デ＝ヴァレラが政権発足後、兼任の外相として最初に行ったのは、外務省の法務顧問のジョン・ハーンに命じて帝国会議のファイルを取り寄せることであった。そのファイルを入念にチェックした後、「あなたたちがここまでやっていたとは知らなかった」とハーンに感想を述べた。

デ＝ヴァレラは主権を確立する作業を一連の憲法改正、新憲法の制定、英愛条約を改定する新条約の締結という三つの段階を経て実現していった。

忠誠の宣誓の除去

第一段階が、一連の憲法改正であった。デ＝ヴァレラがまず着手したのが、英国王への忠誠の宣誓の除去と総督の無力化である。自由国憲法には、英愛条約を踏まえて忠誠の宣誓の規定が置かれていた。英国国王への忠誠の宣誓は、長年の間、英国により内外の支配の確立のための手段として用いられてきたものであり、英愛条約の交渉の際、英側は、アイルランドが英帝国の枠内にとどまることを確保するために、この規定を含めることにこだわった。条約反対派にとって、この規定は「共和国」の性格と根本的に相いれないものであり、英帝国への服従の象徴として英愛条約を受け入れられない大きな要因となった。

一九三二年、デ＝ヴァレラ政権は忠誠の宣誓の規定を除去する憲法改正に着手した。プロテスタント系議員もかなりの数が指名されていた上院の抵抗を受けたが、翌三三年には実現に至った。また、この時の憲法改正で、英愛条約に合致しない憲法改正を行えないとした規定も除去した。さらに、デ＝ヴァレラの憲法改正の作業に対する抵抗勢力となった上院を一九三六年の憲法改正で廃止した。

デ＝ヴァレラは、これとともに英国の帝国的支配の残滓《ざんし》といってよい総督の無力化に取り組んだ。英国では、法律制定の際、議会の議決の上で、国王の裁可を得る制度があり、自由国憲法では、この制度にならって、アイルランドの法律の制定の際、英国の国王の代表（総督）の権限が規定されていた。自由国成立前に統治の権限を有していた時とは位置付けは異なるものの、総督が派遣され、一定の権限を行使している状況は、デ＝ヴァレラにとって受け入れがたいものであった。デ＝ヴァレラ政権は、一九三三年、法律制定に際する総督の法的権限を除去する憲法改正を実現した。

国王の権能の除去

次に、デ＝ヴァレラは、憲法から英国王についての規定を削除しようとしていたが、これについては慎重に進めることとし、機をうかがった。英国では、一九三六年一月に国王ジョージ五世が崩御し、その長男のエドワード八世が即位したが、エドワード八世は、即位後一年も経たない同年一二月一一日に退位した。いわゆる「王冠を賭けた恋」事件である。同国王は、離婚歴があり、その後、再婚したものの再び離婚手続き中のアメリカ人女性のウォリス・シンプソンとの結婚を望んだ。英国王はイングランド国教会の首長であるが、イングランド国教会は離婚者の元配偶者が存命の場合、教会で再婚することを認めていなかったため、「王冠」をとるか、「結婚」をとるかの二者択一を求められることとなり、エドワード八世は、「結婚」を選択した。この事件により、英国は憲政上の危機に直面した。エドワード八世の退位は、英連邦の仕組み上、英国王が英本国のみならず、自治領それぞれの国王となっていたことから、自治領諸国の同意を必要としていたのである。

デ＝ヴァレラはこの機に乗じて、同国王が退位した一一日、国王と総督が果たしてきた権能を他機関に振り分ける憲法改正を実現させた。次いで一二日には、対外関係法を議会に提出し、成立させた。その結果、国王は、在外の大使の任命を行うことと国際条約の締結のみを対外関係法に基づいて行うこととなった。エドワード八世の退位への同意は、対外関係法の一項目として規定された。デ＝ヴァレラは、エドワード八世の退位という英国の憲政上の危機に乗じて、かつ、アイルランドが英連邦の仕組みに組み込まれている状況を逆手にとって、憲法から国王と総督についての規定を削除するという自らの望む結果を得た。

ここで、デ＝ヴァレラが対外関係法によって国王の権能を対外関係に限って残したのは、いくつかの理由があると見られる。まず、デ＝ヴァレラが期待する北アイルランドの合流のハードルが国王の権能を残すことで低くなると考えたのであろう。また、アイルランド自由国が英連邦の枠内の存在であることを踏まえたものであり、デ＝ヴァレラが年来主張してきた外的連携の考え方とも整合的であったからと考えられる。そのような国王の権能を残しても実権があるわけではなく実害はなかった。さらに、一気に国王の権能を一切なくすことは英国との関係でも挑発的すぎるとの判断もあったであろう。

自前の憲法の制定

デ＝ヴァレラは、主権の確立のための第二段階として、自前の憲法の制定に取り組んだ。一九二二年の自由国憲法は、英愛条約の枠組みの中で英国との協議を経て作成されたものであり、アイルランドの自前の憲法とは言いがたいものであった。デ＝ヴァレラは前記の国王と総督についての規定の処理が終わったところで、自らの考える国家像を表現する憲法の起草作業に取りかかった。

デ＝ヴァレラは、この新憲法の起草作業を自らの管理下に置き、外務省のハーン法務顧問ら四名の官僚に命じて起草小委員会とし、約四カ月の作業を通じて案をまとめた。

新憲法は次のような特徴を持ったものとなった。国家の名称はアイルランド語では「エール」、英語では「アイルランド」とされ（第四条）、「主権を有する、独立した、民主主義的な国家」（第五条）と規定された。アイルランド語が第一公用語、英語が第二公用語とされた（第八条）。

北アイルランドとの関係が微妙な国家の領域については、「国家の領域はアイルランド島の全体、その島嶼及び領海から構成される」（第二条）とアイルランド島の三二県全てに主権が及ぶことを示しつつ、国家の領域が再統合されるまでの間、領域全体に対して管轄権を行使する権利を害することなく、法律の規定により適用地域および範囲が定められるとの規定が置かれた（第三条）。

国家の機構としては、国家元首（「国家の他の者よりも優越する者」）として国民の直接選挙で選出される大統領が置かれることとなった（第一二条）。これは、英国王が元首の立場に置かれていた自由国憲法との顕著な違いである。政府の長は首相となった。議会は二院制とされ、普通選挙で選出される下院と職域などから選出される上院とが置かれた。

家族、教育、私的所有権、宗教に関しては、カトリックの社会的価値を反映した規定が置かれた。結婚の解消を認める立法を行ってはならないことや、女性の「家庭内の生活」での役割の意義を強調する規定が置かれた（第四一条）。市民の大多数の信仰の守護者としてカトリック教会の「特別な地位」を認めるとともに、アイルランドにプロテスタントの諸宗派など各種の宗派が存在することを認識する記述も置かれた（第四四条）。

国家の名称を含めて、この憲法のどこにも「共和国」への言及はなされなかった。これは、デ゠ヴァレラが「国家の名称がアイルランドからアイルランド共和国に変わる時は、それが二六県のみで実現するのではなく、三二県で実現する状況であるべき」と考えていたからとされる。これは、英連邦とのつながりを残し、国王の対外関係上の役割を残したこととも通じる点であるが、北アイルランドが合流しやすい環境を考慮したものと指摘されている。

前記の家族や宗教の規定にあるように濃厚なカトリック色もこの憲法の特徴であった。デ゠ヴァレラは、内戦の傷跡が残るアイルランドの現状を考えると、政治の党派を超えて国民を結びつける共通の土台が必要と考えた。国民を統合するナショナル・アイデンティティを何に求めるかを考えた際、言語とともに宗教が重要であった。宗教についての憲法上の規定は、デ＝ヴァレラ自身がのちにダブリン大司教となるジョン・チャールズ・マッケイド神父などカトリック教会の指導者とのやりとりを行って定めたものであった。カトリック教会の側は、カトリックの排他的な認知を求めており、各種の宗派が存在することを認識するとの規定には不満であったので、カトリック教会側との妥協の産物であった。

女性の役割についても論議を呼ぶ内容であった。アイルランドでは、二〇世紀初頭から女性の大学進学が認められており、イースター蜂起や対英独立戦争にも役割を果たすなど政治意識が強い女性も多かった。前記のように、選挙権も認められていた。一方、この憲法は、女性に家庭を守る役割を求めるカトリックの教えが強く反映されるものとなった。

この新憲法は、一九三七年七月、国民投票に付され、賛成五六・三％、反対四三・五％で可決され、同年一二月より施行された。「一九三七年憲法」とも呼ばれた。これをもってアイルランド自由国はその歴史的役割を終えた。

基地の返還

デ＝ヴァレラは新憲法が決着すると、次に主権の確立の第三段階として、英愛条約の防衛条項の修正に着手した。英愛条約は、アイルランドが自由国となっても、アイルランドに所在する軍事施設を英国が使用できる規定が含まれていた。具体的には、南部のコーク県のベレへイヴェン、コーク県のクイーンズタウン（コーヴに改名）、北西部のドニゴール県のロッホ・スウィリィの三箇所であり、これらは「条約港」と呼ばれた。

英愛条約の交渉の際に英側がこの条約港の維持にこだわったのは、これらの港湾施設は水深が深く英海軍の運用に必要との観点に加え、アイルランドが英国に敵対的にならないことを確保する狙いがあった。この英国のこだわりは、そのままデ＝ヴァレラの懸念であった。英国が欧州で戦争に突入する場合、英国の重要軍事施設がアイルランドにある限り、アイルランドは、必然的にこれに巻き込まれることになり、英国と運命共同体とならざるをえない。それは、デ＝ヴァレラが求める主権とは程遠いものであった。

欧州情勢は、一九二一年と一九三七年とで様相を大きく異にしていた。大戦終了後の一九二一年には、各地の紛争を収束させ、平和を実現しようとの機運が強かったものの、一九三七年には、ナチス・ドイツの再軍備（三五年）、ラインラント進駐（三六年）、スペイン内戦の勃発（三六年）で欧州で再び大規模な戦争が近づきつつあると懸念された。国際連盟の下での集団的安全保障体制は、一九三一年の満州事変、一九三五年のイタリアのエチオピア侵攻により機能不全に陥っており、戦争の勃発は目前の可能性になりつつあった。戦争勃発時にどれだけ行動の幅を確保できるかは自国の安全を確保するために死活的に重要であった。

一九三七年一一月、デ＝ヴァレラは英国に交渉を打診し、一九三八年一月から交渉が行われた。条約港の返還とともに、デ＝ヴァレラ政権誕生以来の土地年賦返済をめぐる経済戦争を解決するための交渉も同時に行われた。デ＝ヴァレラは自ら交渉団を率いてロンドンに赴いた。これは、デ＝ヴァレラが一九二一年の英愛条約交渉の際に自ら代表団に加わらなかったことへの反省の表れと見ることができる。

条約港についての英国軍部の見方も変化していた。かつては、これらを保持することが英国の安全保障にとって不可欠とみられていたが、英国軍部にとって、これらの施設の防衛のために戦力を割くことが負担に感じられるようになっていた。また、デ＝ヴァレラは、主権の確立は目指すものの、アイルランドが英国に対する攻撃の基地として用いられることは許容しないとの考えを伝えて、英側の不安感の払拭に努めていた。そうしたこともあって、一九三六年頃から、英国内では、帝国防衛委員会において、条約港の返還に前向きな姿勢が示されていた。

英愛交渉は三カ月で妥結し、四月に、貿易、財政、防衛の分野の三つの協定が署名された。アイルランドが一〇〇〇万ポンドの一括支払いを行うことで土地年賦返済を終了させるとともに経済戦争に終止符を打ち、条約港を返還する内容であった。一括支払いは大きな金額であったが、その時点での対英債務残高は総額一億ポンドに上っていたので、その一割の支払いで済ませた形であった。

この条約港の返還はデ＝ヴァレラにとって大きな意味を持つものであった。忠誠の宣誓、国王、総督といった事項も、主権確立に大きな関わりを持つが、理念的、概念的な側面も強かった。一方、条約港は、いざ戦争が起こった時、どのような立場をとるか、とれるかを決定づけるものであった。条約港の返還は、一年半も経たないうちに、第二次世界大戦が勃発した際に、大きな意味合いを持つこととなる。

デ＝ヴァレラは、「統一」については、「主権」よりも慎重なアプローチをとった。政権の座に就いた後、デ＝ヴァレラは北アイルランドについて、統一のために軍事力を用いる考えはないこと、北の六県が加わりたいと思うように経済的・社会的状況を整えていくべきことを強調した。一九三七年憲法において北の六県にも主権が及ぶ旨の規定を置きつつも、共和国への言及を避けたのは、デ＝ヴァレラにとっては北アイルランドへの配慮であったと思われる。

デ＝ヴァレラは、一九三八年の英愛交渉の際、北アイルランドの問題も提起したものの、何らの進展も得られなかった。これを受けて、デ＝ヴァレラは反分断キャンペーンを開始した。デ＝ヴァレラは南北分断を終わらせる有効な手段に欠けていることを認識しつつも、フィアナ・フォイルが「共和国」派の政党として、この問題に最も積極的に取り組む政党であることを示す必要があった。英国のアイルランド支配には正当性はなく、六県が英国の一部となっている南北分断の状況を認めるわけにはいかないというのがデ＝ヴァレラの基本姿勢であった。

「国のかたち」の形成

デ＝ヴァレラが政権に就いてからの七年間は、アイルランドの「国のかたち」の形成に大きな意味を持った時期であった。主権の確立、英国からの行動の自由の確保、「三二県」の正当性の主張、カトリック重視、保護経済などの特徴が明確に現れた。これらは、「デ＝ヴァレラ・モデル」の重要な構成要素となっていく。

もっとも、この間に得られた成果のすべてをデ＝ヴァレラやフィアナ・フォイルに帰することはできないであろう。主権の確立も、コスグレイヴ政権時代のバルフォア報告書とウェストミンスター憲章によって、英国と自治領との対等性が得られていたことではじめて実現した。マイケル・コリンズが英愛条約についての議会での討議で主張したように、英愛条約によってアイルランドは「自由を実現するための自由」を得ることができた。当時コリンズの議論を否定したデ＝ヴァレラがそれを十全に活用したものであった。

こうしてデ＝ヴァレラが英愛条約体制の書き換えを進める中、野党は受け太刀に回っていた。一九三二年まで政権与党の座にあったクマン・ナ・ゲールは、三二年の総選挙に続いて、三三年一月の総選挙でもフィアナ・フォイルの後塵を拝し、同年九月に国民衛兵、国民中央党と合併して、フィナ・ゲール（アイルランド語で「ゲール人の家族」の意味）を設立した。一方、三七年、三八年の総選挙でも、フィアナ・フォイルには遠く及ばず政権奪還の見通しは立たなかった。

三　第二次世界大戦と中立政策

中立宣言

一九三九年九月、第二次世界大戦が勃発した。ナチス・ドイツは、これに先立つ同年三月にオーストリアへ侵攻してこれを併合し、さらにチェコスロヴァキア解体へと続いた。その後、ポーランドへの圧力を強めていたドイツは九月一日に、ポーランド侵攻に踏み切り、その後約六年にわたる世界大戦が引き起こされることとなった。翌二日、デ゠ヴァレラは戦争からの中立を宣言した。

このデ゠ヴァレラの判断は、ポーランドの側に立ってドイツに宣戦布告をした英国と深刻な摩擦を引き起こすものであった。英国には、デリケートな関係ながら英連邦の一角を占めるアイルランドが英国の側に立って戦争の遂行に協力することへの期待があった。英連邦の自治領各国は、アイルランドを除いて、全てが英国の側に立ち、連合軍に参加した。一方、デ゠ヴァレラにとって、英国に引きずられて戦争に巻き込まれることは、最も避けたいことであった。

デ゠ヴァレラがイニシアティブをとって策定した一九三七年憲法には、「国は、下院の同意がある場合を除いて、戦争を宣言することはなく、また、あらゆる戦争に関係することはない」との規定を置いていた。主権の確保の観点から、戦争への参加も、不参加も、自らの意思に基づくものでなければならなかった。

一九三八年四月、欧州情勢が日に日に厳しさを増す中、デ＝ヴァレラは議会で次のように言明していた。「アイルランドが目指してきたことは、大事な状況において、どのような行動が国益にかなうかを議会が判断することである。われわれが保持したいと思っていたのはそうした自由であり、その自由をわれわれは保持するに至っている」。自らの判断によることなく、戦争に巻き込まれることは避けなければならなかった。ロナン・ファニングは「デ＝ヴァレラにとって中立は目的のための手段に過ぎなかった。目的は主権の確立であり、中立はアイルランドが真に独立した外交政策を遂行することを可能にする主権の表現であった」と指摘した。

一方、デ＝ヴァレラは英国との関係は、極力、丁寧に対応しようとした。英国の駐在代表を通じて、英国首相のネヴィル・チェンバレンに対し、「アイルランドの自由が英国にとっての安全保障の不安となることを望まない」とのメッセージを送った。

中立宣言の翌日、非常時権限法が制定された。これにより、議会民主主義に基づく通常の立法過程が事実上停止され、賃金凍結から鳩の保有まで政府が非常時権限を行使するようになった。政府機構も改変された。商工省が供給省に改組され、商工相であったショーン・レマスが大臣を務めることとなった。国防省は国防措置調整省に改組され、国防相であったフランク・エイケンが大臣を務めることとなった。国防に関わる幅広い措置がこの省の所掌となり、検閲もその一部となった。検閲制度により、厳しい情報・言論統制が行われた。

こうした非常時対応について、国内の反対はさほど大きなものではなかった。主要な政党は、これを非常時のやむをえないものと受け止めた。一方で、IRAとシン・フェイン党はナチス・ドイツを支持していた。IRAは一九三九年の年初から、英本土で爆弾テロを起こしていた。デ゠ヴァレラ政権は、国家反逆罪法を導入し、裁判なしの拘禁を可能とするとともに、軍事裁判所を設置して、死刑を科すことができるようにした。この法的制度を用いて、五年間のうちにIRAの活動家一六名が処刑された。

侵攻の脅威

デ゠ヴァレラの考えは、欧州大陸の戦争から局外中立を行うことにあったが、戦局は厳しさを増した。ドイツは第二次世界大戦の緒戦を東のポーランドから始めたものの、西に向けての侵攻作戦はとらず、「まやかし戦争」と呼ばれた。だが、一九四〇年五月、ドイツ軍は突如、ベネルックス三国（ベルギー、オランダ、ルクセンブルク）への侵攻を開始した。ドイツ軍の機甲部隊による電撃戦は目覚ましい成功を収め、瞬く間にフランスも席巻した。フランスはフィリップ・ペタン元帥が政権に就いてドイツの軍門に降《くだ》った。さらにドイツは、英国上陸作戦を実施すべく、その準備として七月から英国に対して大規模空襲を開始した。

大戦が勃発しても、東部戦線のみであれば、アイルランドへの直接の脅威とはならなかったが、西部戦線が急速に動き、しかも、ドイツ軍が欧州大陸を席巻したことで、アイルランドの中立は現実の脅威にさらされることとなった。前記の通り、デ＝ヴァレラにとって中立は独立の表現として意味があるものであったが、フランスがドイツの軍門に降り、英国も同様の運命に見舞われるならば、アイルランドの独立の基盤自体が危険にさらされる状況となった。

アイルランドが軍事侵攻を受けるいくつかの可能性が出てきた。一つは、ドイツがアイルランド経由の迂回路《うかいろ》を用いて英国侵攻を図る危険であった。ドイツは、実際に、英国侵攻の一環としてアイルランド侵攻を検討していた。英国に属する北アイルランドでは、一九四一年四月から五月にかけて首都ベルファストがドイツの激しい空襲を受けて、約一一〇〇人が死亡し、五万六〇〇〇以上の家屋が破壊されるという被害を受けた。

もう一つは、英国から侵攻される可能性であった。ドイツがアイルランドに上陸した場合、英国はこれに応戦するためアイルランドを攻める可能性があった。また、そうした事態に至らずともアイルランドに返還された条約港などの戦略的要地を押さえるための英国からの侵攻の可能性も想定された。英国では、チェンバレンが戦争指導の不調から退陣を余儀なくされ、一九四〇年五月にそれまで海相を務めていたウィンストン・チャーチルが首相の座に就いた。チャーチルは一九三八年にデ＝ヴァレラとチェンバレンとの間で合意された条約港の返還に反対であり、返還後も武力で奪還することを考えたとされる。

デ＝ヴァレラは、中立を宣言したが、英国とドイツとの間で、等距離を保ったわけではなかった。特にフランスがドイツの軍門に降って以降は、英国が敗北することのないように努力を払った。英愛間の協力は、インテリジェンス面での協力から捕虜の取り扱いまで広範に及ぶものであった。

一方、こうした英愛間の協力は、厳しく情報管理され、表に出ないように厳格に取り扱われた。それは、一つには、ドイツの攻撃を招く可能性があったためで、もう一つには中立という外交の基本哲学に反するものであったからである。このような表に出ない協力をしていたものの、英国のアイルランドに対する不満は強かった。

英国から一九四〇年には、参戦すれば統一アイルランドの原則に同意を与えるとの示唆がなされたが、デ＝ヴァレラはそれに乗らなかった。デ＝ヴァレラにとって、参戦するかどうかは主権に基づく判断であり、それを犠牲にして統一を得るべきではないとの考えであった。

戦争が進むにつれて、連合軍が戦況を逆転させ、欧州大陸への反攻が視野に入ってくると、連合軍からアイルランドに対する圧力は増した。連合国側はアイルランドを通じてその動きが枢軸国側に漏れることを懸念した。四四年二月、米国のデビッド・グレイ公使はデ＝ヴァレラに対して、枢軸国であるドイツ、イタリア、日本の外交団を国外退去するように求めた。アイルランド側は、この米国の要求が連合軍のアイルランド占領の前触れではないかと懸念すらした。

中立の決算

一九四五年五月、ドイツの降伏によって、第二次世界大戦の欧州戦線は終結した。結果としては、懸念されたアイルランドへのドイツ、英国、米国の軍事行動はいずれも現実のものとはならなかった。

アイルランドにとって幸いなことに、欧州大陸の沿岸に位置し、しかも、大陸から見て、英国のブリテン島のさらに先に位置するという地理的な条件から、いずれの交戦国にとってもアイルランドへの侵攻が死活的に重要な状況とはならず、アイルランドに侵攻することの軍事的な利益がコストを上回らなかった。

第二次世界大戦で中立の立場をとったこととの決算をどう見るかは、単純な問題ではない。前記のような表に出ない対英協力はあったものの、アイルランドが中立の立場をとったことは英国を憤激させた。ニコロ・マキャベリが『君主論』の中で示唆したように、中立の立場をとることは、敵となると思われていた者からは歓迎され、味方となると思われていた者からは恨まれることとなる。第二次世界大戦におけるアイルランドと英国との関係は、後者の典型的な事例と言えた。アイルランドに対して強い反感を抱いた一人はチャーチルであり、彼の世界的な名声と影響力に鑑み、それはアイルランドにとって大きなマイナスを後世に残した。

第二次世界大戦後の国際秩序の構築に際し、米国、英国をはじめとする連合国が中心的な役割を果たしたが、歴史家のF・S・L・ライオンズが指摘するように、アイルランドは、これらの連合国がともに戦う中で得た「戦争の緊張とそれからの解放、一緒の経験、困難の中の同志感情、将来についての新たな考え」を共有しなかった。そのため、アイルランドは、戦後、孤立からスタートすることを余儀なくされる。一方、英国や米国のような連合国の立場からのみ、アイルランドの中立政策を判断することは公平とは言い難い。中立政策を取ったがために、対英独立戦争と内戦を経験したばかりの国が戦争の惨禍を経験せずに済んだことにも目を向けるべきであろう。

ともあれ、主権の確立を重視し、軍事的な結びつきから距離をとる中立政策は、デ＝ヴァレラによる「国のかたち」の一つとして刻印されることとなった。

Column ③　文学

アイルランドは文学を大切にする国であり、小説、詩、演劇に対する関心が高い。一九二二年のアイルランド自由国としての独立以来、W・B・イェイツ、ジョージ・バーナード・ショー、サミュエル・ベケット、シェイマス・ヒーニーと四人のノーベル文学賞受賞者を輩出している。人口当たりの受賞者数としてみると、世界各国の中でも最も高い比率となるという。ここでは、アイルランドの文学が本書で見てきた歴史とどう交錯してきたかを見ていきたい。

アイルランド出身者として、初めてのノーベル文学賞受賞者となったW・B・イェイツ（一八六五～一九三九）は、ダブリンに生まれ、一家は幼少期にロンドンに移ったが、母方の祖父がアイルランド西部のスライゴーの出身であったため、たびたびスライゴーを訪れた。イェイツは、アングロ・アイリッシュと呼ばれるプロテスタント支配階層の出身であるが、アイルランド土着の民話、神話、伝説を聞いて育ち、これらに強い愛着を覚えた。それがアイルランド文芸復興運動の担い手となることにつながっていった。

イェイツは、イースター蜂起、対英独立戦争、内戦の時代を生きた。イェイツは二三歳の時にアイルランド独立運動の女性活動家のモード・ゴンに出会い、強く惹かれて求愛する。別に恋人がいたゴンはこれを断るが、イェイツは彼女に触発された詩を書き続けた。イェイツには、「一九一六年イースター」と題する詩がある。イースター蜂起で処刑された彼の知己の指導者（ゴンの夫ジョン・マクブライドも含まれている）への言及があり、「恐ろしい美が生まれた」という言葉がリフレインで用いられている。

一九二二年にアイルランド自由国として独立。イェイツがノーベル賞を受賞するのはその翌年の一九二三年のことである。受賞理由は「高度に芸術的な形式で一つの国全体の精神を表現した詩に対して」であった。イェイツは一九二二年から六年間、上院議員を務めたが、アイルランド自由国は次第にプロテスタントにとっては生きにくい社会となった。

二〇世紀最大の小説家ともされるジェイムズ・ジョイス（一八八二〜一九四一）は、イェイツよりも一七年後に生まれた。二二歳の時、ダブリンから欧州大陸に渡り、その後、トリエステ、チューリヒ、パリと居所を変えつつ、小説を書いた。

アイルランドの年間の風物詩の一つになっているのが六月一六日の「ブルームズ・デイ」である。これは、ジョイスの代表作『ユリシーズ』が一九〇四年六月一六日の一日に起こった出来事を主人公レオポルド・ブルームを中心に描いた小説であることにちなんだものである。毎年、この日には『ユリシーズ』の朗読会が行われ、当時の衣装でジョイスに扮する人が登場し、『ユリシーズ』の舞台となった場所を巡礼するツアーが行われる。

イェイツと異なり、ジョイスはアイルランド文芸復興運動には関わらなかった。ジョイスが関心を寄せた政治指導者は一九世紀後半に自治法案を推進したチャールズ・スチュワート・パーネルであり、「パーネルの影」と題する評論では、アイルランド人自身がパーネルを引き裂いたことに怒りの感情を表している。

イェイツとジョイスは二〇世紀初頭の巨人であるが、それに引き続く世代にも優れた作家が少なくない。女性作家のエドナ・オブライエン（一九三二〜）は、アイルランド西部のクレア県の宗教的に厳格な家庭に生まれた。処女作『カントリー・ガール』（一九六〇年）は、一九五〇年代の保守的なアイルランド社会を背景に、若い女性の内面、男性や社会との関係、性的なシーンが描かれ、世間に衝撃を与えた。この本は、検閲委員会によって禁止処分となり、焚書《ふんしょ》の対象ともなった。カトリック教会が社会の規範に大きな影響力を持っていた時代に、これに小説で挑んだのがオブライエンであった。アイルランド社会が変化するにつれて、オブライエンは女性の姿を描いた先駆的な存在と評価されるようになった。

オブライエンとほぼ同時代を生きたのが、ジョン・マクガハン（一九三四〜二〇〇六）である。マクガハンの代表作『女たちのなかで』（一九九〇年）は、一九五〇年代から二〇年ほどの時間の流れの中で、かつての対英独立戦争を戦い、規律、道徳を重んじる主人公と、その家族との関係を描いた。マクガハン自身が見てきたアイルランド社会の変化が如実に表れている。

アイルランドで四人目のノーベル賞受賞者となったシェイマス・ヒーニー（一九三九〜二〇一三）もオブライエン、マクガハンと同様に一九三〇年代の生まれである。ヒーニーは、北アイルランドのデリー県（ユニオニストはロンドンデリー県と呼ぶ）の出身である。デリー県は一九二〇年代当時からカトリック系人口の方がプロテスタント系人口よりも上回っていたにもかかわらず、北アイルランドに組み込まれ、この地域の矛盾が集約されていたようなところである。ヒーニーは、そのデリー県のカトリックの農家に生まれ、アイルランドの土着の伝統に目を向ける詩を書いた。ヒーニーは、北アイルランド紛争の流血の悲劇が最高潮に達していた一九七二年に家族を連れてアイルランドに居を移して詩作を続け、一九九五年、ノーベル文学賞を受賞した。「日常の奇跡と息づく過去を賞賛する叙情的美しさ、倫理的深さを持つ作品」が受賞理由であった。

ヒーニーは二〇一三年に死去したが、今もアイルランドで深い敬愛の対象となっている。ヒーニーには『冬を生き抜く』(Wintering out) という詩集がある。二〇二〇年春、レオ・ヴァラッカー首相は新型コロナ・ウイルス感染症についての行動制限を国民に求めるに際し、この言葉を用いて国民に協力を呼びかけた。

第三章　経済停滞からの脱却を目指して

一九四八〜一九八六年

一　暗い戦後

政権不安定の時代

第二次世界大戦後、アイルランドは、政権が不安定な時代に入った。一九二二年の自由国の発足から一九四八年までの二六年間には政権交代は一回しか起こらず、最初の一〇年はクマン・ナ・ゲール（英愛条約賛成派による党）の政権、次の一六年はフィアナ・フォイル（英愛条約反対派による党）の政権が続いた。一方、戦後の時期になると、一九四八年から一九五九年までの一〇余年の間には実に四回の政権交代が起こった。一九四八年の総選挙によって、フィアナ・フォイル政権から第一次「各党連立」政権に移行し、一九五一年の総選挙でフィアナ・フォイル政権に戻るも、一九五四年の総選挙で第二次「各党連立」政権となり、一九五七年の総選挙で再びフィアナ・フォイルの政権に戻るというめまぐるしさであった。それまで安定的に政治をリードしてきたデ゠ヴァレラとフィアナ・フォイルの神通力が落ちたことは明白であった。

デ゠ヴァレラは戦時中の一九四三年にその後、長く引用されることになる演説を行った。「われわれが夢見るアイルランドは、物質的な豊かさを正しい生活の基盤としてのみ価値を認める人々の家であり、つつましい快適さで満足し、生活を精神的な事柄に捧げる人々の家である。その地の農村では、心地の良い家に明かりが灯り、野や村には日々の仕事に勤《いそ》しむ音、子供たちがはね回る声、運動に興ずる若者たちの競い合い、うるわしい乙女たちの笑い声が楽しげに響く。炉端ではおだやかな老人たちの知恵が交わされる」。デ゠ヴァレラが理想とした、こうした牧歌的なアイルランド像は戦後の国民の求めるものから乖離《かいり》していた。

フィアナ・フォイル支配の間隙をぬって成立した第一次「各党連立」政権は、フィナ・ゲール（クマン・ナ・ゲールと他の二党が合併した英愛条約賛成派による党）、クラン・ナ・ポブラハタ（アイルランド語で「共和国の家族」の意味）、労働党などによる連立政権であり、第二次「各党連立」政権はフィナ・ゲール、労働党、クラン・ナ・タルワン（アイルランド語で「土地の家族」の意味）の三党による連立政権であった。特徴的であったのは新党の登場であり、特に、クラン・ナ・ポブラハタの登場は、政治に新風を吹き込んだ。名称通り、「共和国」派の主張を正面に据える党であった。この時点での「共和国」派とは、英国とのつながりを断ち切って共和国としての性格を明確にするという意味と、南北分断を打破して北部の六県をも共和国に取り込んでいく意味を持っていた。

一九四八年に一六年ぶりにフィアナ・フォイルを政権から追い落とした第一次「各党連立」政権は、フィナ・ゲールとクラン・ナ・ポブラハタとが中心となったが、前者は条約支持派であったのに対し、後者は条約反対派のフィアナ・フォイルよりもさらに「共和国」派の立ち位置をとっており、水と油の関係とも思えた。しかし、両者は「フィアナ・フォイル以外で政権を作る」という点で一致した。戦時中の耐乏生活に代表される、デ＝ヴァレラとフィアナ・フォイルの一六年間の閉塞感を打破する期待がこの連立政権を実現した。フィナ・ゲールのジョン・コステロが首相となり、クラン・ナ・ポブラハタのショーン・マクブライドが外相に就いた。

西欧の多くの国では右派政党（例えば、キリスト教民主主義の政党）と左派政党（例えば、社会民主主義の政党）との間の対立構図、政権交替が政治の主軸であったのに対し、アイルランドでは、一九二二年の英愛条約をめぐって内戦が起こったことから、右派か、左派かという対立軸よりも、内戦のどちら側であったのかの方が政治の対立軸としてより鮮明に現れた。フィアナ・フォイルも、フィナ・ゲールもともに中道右派に位置する政党ながら、前者が条約反対派、後者が条約賛成派であることが大きな違いだった。そうした状況ではあったものの、フィアナ・フォイルが、小農、労働者を根幹的な支持基盤として強固な地方組織を作り上げ、一九三二年以来、一六年間にわたって単独政権を続けたことから、一九四八年にはフィアナ・フォイルかそれ以外かという政界構図となった。

共和国の宣言

第一次「各党連立」政権が行った注目すべき決定は、一九四九年、英連邦を離脱して英国王とのつながりを絶ち、共和国を宣言したことであった。デ＝ヴァレラは、一九三二年に政権の座に就いて以来、共和国に向けての歩みを進め、三七年には新憲法を制定したが、英連邦から離脱すること、英国王とのつながりを断つこと、共和国の宣言までは行わなかった。英国との関係で「首の皮一枚」残した形をとった。これは、前章でも述べた通り、英国を無用に反発させることを避けたほか、北アイルランドとの距離が離れすぎることを懸念したものであった。一方、連立政権の首相のコステロ、外相のマクブライドはそうした心配はしなかった。これによって、デ＝ヴァレラの目指した「共和国」がデ＝ヴァレラ以外によって実現した。ただし、憲法上の正式国名は、アイルランド語で「エール」、英語で「アイルランド」で変化はなかった。

一方で、北アイルランドとの関係では、事態は改善せず、状況は緊張に向かった。野党に転じたデ＝ヴァレラはクラン・ナ・ポブラハタに対抗し、統一アイルランドを目指す姿勢を強く示すため、各国を往訪し、南北分断糾弾キャンペーンを展開した。外相のマクブライドも分断・統一の問題を取り上げることをアイルランド外交の優先課題としてあらゆる国際的な場でこれを提起したが、味方を増やすことにはつながらなかった。さらに一九五六年には、IRAが北アイルランドの軍・警察の施設などに攻撃を仕掛ける「国境作戦」を開始し、北アイルランドとの関係はさらに緊張した。国境作戦は一九六二年まで継続された。

困難な戦後外交

アイルランドにとって、第二次世界大戦終結後の世界で地歩を固めることは容易ではなかった。中立政策によってアイルランドは大戦の惨禍から逃れることができたものの、米国、英国など連合国が中心となった戦後の世界で孤立するマイナスの影響が生じた。アイルランドは、国連を創設した一九四五年のサンフランシスコ会議にも招待されなかった。一方で、中立政策は国民の支持を集め、アイルランドは戦後も中立政策を維持した。

その後、冷戦が始まったことで、アイルランドに対する白眼視は緩和し、一九四九年の北大西洋条約機構（NATO）の設立の際には、アイルランドにも米国から誘いが掛かった。マクブライド外相は、米国が英国に圧力をかけることを期待して、南北分断が解消されるならばと条件をつけたが、米英のつながりの深さを軽視し自らの力を過大視したもので相手にされなかった。

アイルランドは一九五五年に国際連合に加盟した。すでに一九四六年には国連に加盟申請を行ったものの、東西対立のためソ連の拒否権で阻まれていた。その後、東西間での妥協が成立し、九年越しでようやく加盟がかなったものであった。国連は、アイルランドの外交の新たな軸となった。分断・統一の問題にこだわらなければ、中立政策を維持しつつ国連の舞台の中で実現できることは多々あった。中立政策は米国、英国など西側主要国との間ではマイナスとなったが、途上国や非同盟諸国の数が増加しつつあった国連の場においては、外交でメリットをもたらす面もあった。長年にわたり他国の支配の下で抑圧を受け、飢饉も経験したアイルランドは、これらの国々の抱える困難への共感力が高かった。アイルランドは、一九五八年から国連の平和維持活動（ＰＫＯ）にも参加した。一九六一年からのコンゴでのＰＫＯでは二六名の兵士が死亡する大きな犠牲も出したが、ＰＫＯへの参加を重要な国際貢献策として継続した。

経済の停滞

第二次世界大戦後、政権が不安定な時代となったのは、それまでに形作られてきた「デ＝ヴァレラ・モデル」が人々の生活・ニーズに必ずしもフィットしなくなっていたからである。

さまざまな課題、問題が噴出していたが、最も深刻なことは、経済が停滞し、移民が急増したことであった。一九五〇年代のアイルランドは停滞と失敗の時期と言われるが、これは、経済パフォーマンスの低さに起因する。西欧諸国の中でアイルランドは最も成長率が低い国であった。一般的に、高所得国ほど成長率は低くなりがちで、この時期の英国はその典型であった。だが、アイルランドは所得が低いにもかかわらず、英国よりもさらに成長率が低かった。一九四九年から一九五六年までの間、国民所得の伸びは欧州経済共同体（EEC）に加盟した六カ国の平均が四二%で、英国が二一%であったのに対しアイルランドは八%にとどまった。また、一九五一年から一九五八年までのGDPの年間成長率は一%以下で、この間、雇用は一二%減少し、一人当たりGDPはEECの平均に比して七五%から六〇%の水準に下がるありさまだった。

そして、海外に脱出する移民が急増した。アイルランドの人口は、大飢饉《だいききん》が起こった一八四〇年代半ば以来減り続けてきたが、その減少に歯止めがかからなかった。一九五〇年代、ヨーロッパで人口が減少したのは東独とアイルランドのみであった。一九世紀のジャガイモ飢饉の際に、大規模な移民が起こったが、その次に大規模な移民が起こったのが、一九五〇年代から一九六〇年代始めにかけてで、この間、五〇万人が海外に渡った。当時の人口が三〇〇万人を少し下回る水準であったことからすると、これは、総人口の約一六%を失ったことになる。特に深刻だったのは、国外に脱出したのは若い世代であったことである。農業が衰退し、農村での生活に将来性が見られないことから、国を去ることを選んだ。「消えゆくアイルランド」との言い方さえなされ、アイルランドが一つの独立した経済主体としてやっていけるのかが心配された。アイルランドの農村の状況はデ゠ヴァレラが前記の演説で述べた「心地の良い家」ではなく「人々の去った家」となりつつあったが、デ＝ヴァレラはそれを「どうすれば良いか考えを持ち合わせていなかった」（J・J・リー）と評された。

当時の様子は、一九五八年にとりまとめられた報告書「経済発展」（後述）の一節に如実に現れている。「自らの政府を持って三五年が経過し、人々は満足すべき程度の経済面での進歩を達成したのかを問うている。だが、アイルランドの都市で、農村で両親が語り合う共通の話題は、子供達が教育を終えたらまともな生活水準を確保できるようにすぐさま移民させなければならないということなのだ」。

経済だけではなく、社会的価値の面でも閉塞感があった。ダブリン大司教のジョン・チャールズ・マッケイドなどカトリック教会の影響力の下、一九五〇年代半ばまで、検閲が幅広く行われた。グレアム・グリーン、ジョージ・オーウェル、シモーヌ・ド・ボーヴォワール、アーネスト・ヘミングウェイといった作家の作品まで出版を禁じられたほどであった。

T・K・ウィタカーの開放経済ヴィジョン

一九五七年の総選挙の後、フィアナ・フォイルが政権に復帰し、デ＝ヴァレラが首相に就任したが、時代の趨勢《すうせい》は「デ＝ヴァレラ時代」からどのように脱却するかに移っていた。そうした問題意識を明確に持っていたのが、一九五四年に三九歳の若さで財務次官に登用されたT・K・ウィタカーであった。ウィタカーは、後に「一九五〇年代には、それまで行われていた経済政策は非効率で不適当なものであることが明白になっていた。こうした政策を逆転させること、すなわち、保護主義を放棄して世界との自由貿易による競争に参加すること、外国からの投資を禁じるのではなく歓迎することが自分が公僕として取り組んだ大きな変化であった」と述懐した。

ウィタカーは、有志とともに現状分析と政策提言の検討ペーパーの策定を進め、一九五八年五月に二四九ページに及ぶ「経済発展」と題する報告書に取りまとめた。この報告書は閣議に報告された。閣議は、政府の各部門のコメントを踏まえて、その提言を政府の政策として進めていくことに決定した。そのため、一一月、「経済拡大計画」と題する五〇ページの政策文書が取りまとめられた。これは、アイルランドの経済政策の根本的な転換を図ったものであり、その意味で、一九五八年は大きな転機となった。

T. K. ウィタカー
（1916〜2017）

一九五九年、デ＝ヴァレラは辞任を表明した。デ＝ヴァレラは一九三二年以来、三つの時期にわたって、首相（ないし行政評議会議長）を務め、その期間はこの二七年間のうち二〇年余にわたった。デ＝ヴァレラは七六歳になっていた。デ＝ヴァレラは同年六月に行われた大統領選挙に出馬・当選し、大統領に就任した。大統領は国家元首とはいえ政治の実権はなく、「デ＝ヴァレラ時代」は幕を閉じた。

デ＝ヴァレラは、二〇世紀のアイルランドの歴史に最大の足跡を残した政治家であり、その評価は論者によりさまざまである。内戦を招いたこと、経済停滞や社会の保守性の原因を作ったことから否定的な見方も根強い。一方、デ＝ヴァレラの犯した間違いや失敗を認めつつも、「一九三〇年代に固い決意と洗練されたやり方で二六県の主権を最大化し、民主的な制度の構築を強化し、独立した外交政策を遂行し、連合国の側に立って第二次世界大戦に参戦すべきとの働きかけに勇気をもって一貫して抵抗した」（ディアマド・フェリッター）、「長い公的生活を通じて、人々からの信頼を悪用することなく、主として党と国家の目的のために用いた」（J・J・リー）、「外交政策の遂行で示された偉大さ」（ロナン・ファニング）を肯定的に評価する歴史家が少なくない。

二 「リベラル・モデル」の胎動

レマスとウィタカー

デ＝ヴァレラの後任の首相となったのは一八九九年生まれで、当時五九歳のショーン・レマスであった。レマスは一六歳の若さでイースター蜂起に身を投じた。独立戦争に参加した後、内戦では条約反対派としてフォー・コーツ占拠に加わり、デ＝ヴァレラと政治的な歩みをともにしてきた。デ＝ヴァレラの下で商工相、副首相を務めた。

ウィタカーはレマスの下で「経済拡大計画」の実施に努めた。レマスとウィタカーの組み合わせは、アイルランドを変える上で決定的な役割を果たした。レマスは首相に就任した際、政権の優先課題は南北分断の問題ではなく、人々の日常生活の「パンとバター」であることを表明した。それを実現するための政策メニューを提示したのがウィタカーであった。一方のウィタカーにとっては、自分の考えに沿って保護主義を打破して自由競争を導入していくには、既得権益を打ち破る強力な政治の後押しが必要であった。商工相としてかつて保護主義体制を立案し、今や自由競争の唱導者となったレマスほど心強い存在はなかった。

ショーン・レマス
（1899〜1971）

「経済拡大計画」を実現するため、保護主義の観点で作られた製造業管理法は外国からの投資を促進する産業発展法に置き換えられ、南西部のシャノンに自由貿易地帯を設置する計画が推進された。一九五八年には産業開発庁（IDA）に、輸出企業に対する優遇措置を与える権限が付与された。前の第二次「各党連立」政権が開始していた製造業の輸出販売についての法人税の軽減が一九六〇年にさらに拡充された。これらはレマスとウィタカーの改革と呼ばれた。経済分野において「デ＝ヴァレラ・モデル」を「リベラル・モデル」に切り替える方針転換であった。

こうした投資誘致策が功を奏し、一九六〇年代には、ジェネラル・エレクトリックとファイザーが進出した。日系企業にとっても、前記の輸出販売減税の制度は、一九五七年の日本との外交関係樹立とともに追い風となり、一九五八年にブラザー工業が販売拠点を、一九五九年にソニーが製造拠点を設立した。

一九五八年から一九六三年の「経済拡大計画」は、開放経済への転換によって年二％の経済成長を見込んでいたが、結果として四％の成長を実現した。レマスとウィタカーの時代は「外向きの政策へのコミットメント、制限的でない財政政策、新規の試みへの意欲、アイルランドを都市中心の社会に転換して農業と農家ロビーの影響力を減ずる経済成長など、その後も継続されるパターンを確立した」（コーマック・オグラダ）と評価された。

欧州統合への参加方針

この時期、アイルランドが国家として重大な判断を迫られていたのは、欧州統合の動きにどのように対応するかであった。一九五八年、欧州大陸の六カ国（イタリア、オランダ、西ドイツ、フランス、ベルギー、ルクセンブルク）は、超国家主義に基づいて、政治統合も視野に入れ、農産品も含めた関税同盟を構成する欧州経済共同体（EEC）を設立した。一方、英国は、対象を工業製品に限り、よりゆるい形式の協力を行う欧州自由貿易連合（EFTA）をEECに不参加の七カ国で設立した。西欧諸国が統合のあり方をめぐって二つの陣営に分かれる状況となったが、アイルランドは、どちらにも属していなかった。

アイルランドとしては、保護主義からの脱却の途上にあり、より先進的な経済を持つ各国との経済統合に参加するのはハードルが高かった。一方、そのまま欧州統合の蚊帳の外となっていては、ますます各国との競争に遅れをとることになりかねない状況であった。

農業中心のアイルランドの経済構造からすれば、経済発展レベルの面ではハードルは高いものの、共通農業政策（CAP）があり、農業部門で手厚い支援が見込まれるEECへの加盟は魅力的であった。一方、輸出入とも英国との取引が多いアイルランドの貿易構造からすれば、英国と異なる経済ブロックに参加するのは大きなマイナスになりかねなかった。

こうしたことから、アイルランドは英国の動向を注視し、一九六一年七月に英国がEEC加盟申請の意図を表明すると、直ちにEEC加盟申請を行った。

一九六二年一〇月にEEC側はアイルランドと正式交渉に入ることを決定し、アイルランドは加盟が近づいたと期待を抱いた。ところが、それに冷水を浴びせたのが、六三年一月のシャルル・ド＝ゴール仏大統領による英国のEEC加盟を拒否する意向の表明であった。これによりアイルランドのEEC加盟も頓挫した。

アイルランドにとってEEC加盟は、自らを自由競争の環境に置くことで強くするとともに、障壁の低い輸出市場を確保する手段であった。ド＝ゴールの拒否によってEEC加盟は先送りせざるをえない状況となったため、英国との自由貿易協定の締結を目指した。交渉には約二年半を要したが、一九六五年一二月、英愛自由貿易協定が署名された。英国から安価な物品が流入することとなる一方、アイルランドの輸出セクターにとって英国市場が手の届きやすいものとなった。これは、小規模農家による農業中心の経済から工業と貿易による経済への変身を図る上で大きなステップとなった。

北アイルランド政策の転換

レマスは経済政策のみならず、北アイルランド政策でも方向転換を行った。デ＝ヴァレラ時代の北アイルランド政策は、そもそも英国のアイルランド支配には正当性はなく、六県が英国の一部となっている南北分断の状況を認めるわけにはいかないという原則論に依拠していた。従って、「北アイルランド」という呼称は用いず、「六県」と呼び、北アイルランドの議会や行政府の存在を認知しないようにしていた。北アイルランドとの協力を推進する発想はなく、国際的にも分断糾弾キャンペーンを繰り広げた。

一方、こうした政策をとっても現状が変わるわけではなく、レマスは転換を試みた。レマスは南北アイルランド統一という目標を維持しつつも、それが「調和と合意」によって実現されるような環境を整えることを目指した。北アイルランドの存在を認めるとともに、可能な範囲で協力を推進しようとした。

レマスの政策転換に、当初、北アイルランドの側の前向きな反応は見られなかった。しかし一九六三年、過去約二〇年にわたり北アイルランド自治政府の首相を務めてきたブルックバラ卿バジル・ブルックがテレンス・オニールに交代して風向きが変わった。

一九六五年一月、レマスはオニールの招待を受けてベルファストを訪問した。アイルランドの首相が北アイルランドの首都を訪問するのはアイルランドの独立後、初めてであった。そして、二月、オニールはダブリンを答礼訪問した。この相互訪問によって直ちに北アイルランド問題が解消に向かうほど簡単な問題ではなかったが、アイルランド政府と北アイルランド政府とがお互いに向き合おうとしたことは間違いなく前向きな動きであった。

レマスからリンチへ

一九六六年一〇月、レマスは突然、辞任を表明した。五九歳で首相の座に就いたレマスは六七歳となっていた。

レマスの引退は、アイルランド政治の世代交代を大きく進めることになった。レマスは、デ゠ヴァレラやW・T・コスグレイヴと同様に一九一六年のイースター蜂起以来、アイルランドの独立と国造りに関わってきた世代であった。一方、レマス政権の多くの主要閣僚は、もっと若い世代となっていた。財務相のジャック・リンチは一九一七年生まれの四九歳、農業相のチャールズ・ホーヒーは一九二五年生まれの四一歳で、いずれもイースター蜂起以降に生まれた世代であった。

レマスの後継として、商工相のジョージ・コレイと農業相のホーヒーの二人が有力な候補と目された。二人は同年生まれながら、対照的な個性の持ち主であった。コレイがフィアナ・フォイルの伝統的な価値を色濃く引き継いでいたのに対し、ホーヒーは新世代の代表格であった。ホーヒーは有能で勤勉ながら、野心的かつ自らを売り出すことに熱心で、同時に公職の収入からは到底まかないきれない贅沢《ぜいたく》な生活を送っていた。

二人の後継争いに、地方政府相のネイル・ブラネイも参戦して三者三つ巴《どもえ》となり、党内の混乱が予想されたところで、レマスが動いた。党内の多くが支持しうる候補者として、財務相のリンチを推した。リンチは他の三人よりも年長であり、閣僚経験、下院議員としての勤続年数で上回っており、リンチがトップの座に就いても、他の三人の将来の芽が摘まれないという点でも都合が良かった。

リンチは一九四〇年代にアイルランドの伝統スポーツであるハーリングとゲーリック・フットボールの両競技での国民的ヒーローであった。一九四八年に下院議員になり、教育相、商工相、財務相と順調に重要閣僚ポストを務めていた。リンチは六六年一一月、首相に就任した。

こうしてレマスの後継は決着したが、後にしこりを残した。野心的なホーヒーが党首・首相の座を断念させられたことで、党内にはマイナスのエネルギーがため込まれることとなった。フィアナ・フォイルは一九二六年の結党以来、四〇年間、党首争いがなかったが、レマスの後継をめぐる混乱以来、三〇年近く党首争いがフィアナ・フォイルの宿痾《しゅくあ》となった。

世代交代とともに、政治とビジネスとの関係も変質した。デ＝ヴァレラは、聖職者よりも厳格な生活をしていたと言われたが、経済発展が進み、経済的な機会が広がるとともに、ビジネス界には政界に近づくことでビジネスチャンスをつかもうとする者が現れ、一方の政界にはビジネス界への接近を自己の栄達と蓄財に利用する者が現れた。その典型がホーヒーであった。ホーヒーが中心となって、ビジネスマンとの月例の夕食会を催して党への寄付の見返りに大臣への特別なアクセスを与える資金集めの組織が作られた。これにより、毎月、五〇〇人以上がダブリン市内のグレシャム・ホテルに集った。そうした仕組みからは、「政治とカネ」に関わる問題が現れてくることとなる。

政党間の関係を見ると、一九六〇年代は、フィアナ・フォイルの優勢は動かなかった。六一年、六五年、六九年の三回の総選挙では、フィナ・ゲールはフィアナ・フォイルの後塵《こうじん》を拝し、低迷した。フィナ・ゲールは、一九六〇年代半ばには、社会のさまざまな問題の改善を図る「正しい社会」を旗印に党勢の回復を狙ったが、功を奏しなかった。

リンチ政権の初期の成果としては、教育相ドナ・オマリーが一九六七年に提唱・推進した中等教育の無償化が挙げられる。これにより、一四歳以降まで教育を受ける者が二割にも満たない状況が大きく改善した。教育の改革はアイルランドの「社会の性質に根本的な影響をもたらした」(J・J・リー)と評価され、後年の経済成長を支える要因となった。

リンチの政権運営は容易ではなかった。党首選出の経緯もあり、リンチは暫定的な首相で、いずれより本格的な指導者に代わるものと見られたためだった。ホーヒーは、リンチを見下し、取って代わるチャンスをうかがっていた。しかし、リンチにとっての危機は、国内からではなく、北アイルランドから襲ってきた。

北アイルランド紛争の勃発

一九六〇年代後半以降、北アイルランドでカトリック系住民による公民権運動が活発化したが、これを当局が弾圧したことで情勢が急速に緊迫・悪化した。

この時期に、公民権運動が熱を帯びたのはいくつかの背景があった。まず、かねてからのカトリック系住民への差別である。カトリック系住民は住宅、就職、教育と生活のあらゆる面で差別され、二級市民の扱いを受けていた。そして、その根幹には選挙制度があった。当時、北アイルランド公民権協会(NICRA)の掲げたスローガンは「一人一票」の実現だった。納税者のみが地方選挙権を持つ仕組みで、納税額によって一人六票まで保有が可能であり、高額納税者はプロテスタント系住民だったので、事実上、プロテスタント系住民を優遇する仕組みとなっていた。また、当時、米国でアフリカ系が白人との平等な取り扱いを求めた公民権運動が盛んとなっていたことも刺激となった。戦後、英国の福祉国家政策によって、カトリック系住民の中でも教育機会を得た層が増え、現状の改善を求める声が強まった。さらに、北アイルランド政府のオニール首相が、カトリック系住民の待遇改善に取り組む姿勢を持ったため、カトリック系住民は改革実現のチャンスが訪れたとの期待を抱いた。

歴史家のトーマス・バートレットは、北アイルランドはこの地の「プロテスタントの利益を守り、推進するため」に設立されたと評した。現に、北アイルランドの初代首相のジェイムズ・クレイグがスローガンとしたのは「プロテスタントの人たちのためのプロテスタントの議会」であった。「一人一票」という当たり前に思える要求は、こうした北アイルランドのあり方への挑戦であった。

一九六八年から六九年にかけての北アイルランドは、デモの頻発、デモ隊と警察との衝突、警察による弾圧の悪循環となった。オニールは事態に対応することができず、六九年四月に辞任し、ジェイムズ・チチェスター＝クラークが後任となった。

こうした動きは、ユニオニスト（連合王国維持主義のプロテスタント系）の側でも急進派の台頭を生んだ。アルスター自由長老派という教会組織を創設した宗教指導者イアン・ペイズリーは、一九六〇年代半ばから、カトリック系住民の公民権運動に対する強硬な反対運動を主導した。アルスター義勇軍（UVF。一九一〇年代のアルスター義勇軍と同名であるが、一九六五年に再組織されたもの）やアルスター防衛協会（UDA）などの武装組織も結成された。

一九六九年八月が重要な節目となった。デリー（ユニオニストはロンドンデリーと呼ぶ）で行われたプロテスタント系のパレード（一六八八～八九年のデリー包囲戦でプロテスタント勢力が勝利したことを祝賀するもの）がカトリック地区ボグサイドに入ったところで、住民からの投石が始まり、パレードを護衛する警察との間で衝突が生じた。事態は「ボグサイドの戦い」と呼ばれるほど激しい暴動となり、騒乱は北アイルランド各地に広がって、カトリック系住民を標的とする宗派的な暴行に発展した。この時期、ベルファストだけでも一八〇〇以上の家族が住居を捨てて安全な地に逃れたが、そのうち一五〇〇以上がカトリック系であった。避難民が国境を越えてアイルランドに押し寄せた。こうした状況にアイルランドでは世論が沸騰した。

国家的危機

リンチ政権にとって北アイルランド情勢への対応は難しいものとなった。デリーでの暴動発生の翌八月一三日の閣議では、長時間かけて事態への対応について討議がなされた。同日夜、リンチ首相はテレビ演説を行い、「アイルランド政府はこれ以上、罪のない人々が傷つけられ、また、それ以上の目にあわされることを座視しえない」と述べ、国連の関与を求め、英国には、北アイルランドの憲政上の地位について直ちに協議を開始すべきと要求を突きつけた。パトリック・ヒラリー外相は、急遽、ロンドンに赴き、アイルランドの立場を伝えたが、北アイルランドの問題は英国の国内問題であると英国政府に押し返された。

また、現地の病院の保護のためにアイルランド国防軍が国境付近まで派遣されることとなった。「共和国」派の旗印を掲げるフィアナ・フォイル政権にとって、北アイルランドのカトリック系住民の窮状はまさに「座視しえない」ものであった。派遣された軍の編成や装備は、緊急事態にも備えたものだったとされる。人道的・防衛的な見地から、国境を越えてカトリック系住民の保護に当たる可能性も織り込んでいたことになる。

北アイルランド政府は、各地の暴動で治安状況が悪化したことで、英国軍の増派を要請し、「平和維持」を任務とする英国軍が北アイルランドへの配備を拡大することとなった。カトリック系住民からすると、北アイルランドの警察機関であるロイヤル・アルスター警察（RUC）は、カトリック系住民の監視を行う治安警察であり、プロテスタント寄りの機関であったため、当初は、軍の派遣を歓迎した。しかし、軍も、カトリック系住民とプロテスタント系住民とを公平に扱う存在ではないことが明らかとなり、期待はたちまち失望に変わった。

北アイルランドのナショナリスト（アイルランドとの統合を目指すカトリック系）の側では、ユニオニスト武装組織によってカトリック居住区が襲撃される事態に対し、IRAが自警団の役割を果たそうとしてきたが、活動方針をめぐって内部対立が激化した。IRAは一九六九年一二月に公式派と暫定派とに分裂した。マルクス主義を信奉するグループ（公式派）は議会ボイコット戦術をやめて議会闘争に軸足を置く方針をとり、これに反対するグループ(暫定派)はテロなどの武力闘争を活動の主軸に据えた(以下、単にIRAというとき、IRA暫定派を指す)。

この時期、北アイルランド政界で重要な意味を持つこととなる政党の設立が相次いだ。ユニオニストの側では、オニールが進めた改革を支持する穏健派のグループが一九七〇年四月にアライアンス党を設立した。プロテスタント、カトリックの両コミュニティの宗派対立を乗り越えることを目指した。ユニオニスト急進派のペイズリーは一九七一年九月に民主ユニオニスト党(DUP)を設立した。一方、ナショナリストの側では、暴力ではなく議会制民主主義の手段での現状改革を目指す穏健派が社会民主労働党(SDLP)を設立した。同党には、公民権運動の活動家の多くが参集した。このように多くの新たな政党が生まれたのは、従来の政治の枠組みでは北アイルランドの直面する問題への解決をもたらすことが困難となっていることが表れていた。

北アイルランドの激震は、アイルランド内政にも大きな波紋を起こした。それが一九七〇年に表面化した武器危機であった。

武器危機

一九六九年一〇月、アイルランド軍情報部のジェイムズ・ケリー大尉は、IRAのメンバーを含む北アイルランドのカトリック系防衛組織との会合を持ち、ユニオニスト武装組織の攻撃からナショナリスト地区を守るために武器を供与するオペレーションに着手した。ケリー大尉は、財務相のホーヒーと農業相のブラネイと連絡を取っていた。

資金は、ホーヒーが管理する北アイルランド暴動の被害者のための基金が使われる予定であった。一一月には、秘密裏に武器を調達する作業に入り、一九七〇年の四月に、六・八トンの武器・弾薬がダブリン空港に空輸される手はずとなった。四月一七日、警察組織を統括する法務次官のピーター・ベリイはこの輸送計画を知った。

翌一八日、ベリイはホーヒーからの電話を受けた。「日曜日にダブリン空港に空輸されてくる貨物のことを知っているか」「承知しています」「直ちに北に運ばれることを保証するが、そのまま通してもらえるかな」「そのようなわけには参りません」「それはまずい判断だと思うぞ。おたくの大臣はこのことを知っているのか」「承知しています」「貨物が着いたらどうなるのだ」「押収することになります」「それでは、これは中止した方がよさそうだな」。電話はそれで終わった。

ベリイはこの次第についてリンチ首相に報告した。これを受けて、リンチはホーヒーとブラネイと話したものの、特段の措置を取らずに一件落着としようとしていた。そこで新たな展開が生まれた。

野党のフィナ・ゲール党首のリアム・コスグレイヴ（W・T・コスグレイヴの息子）に複数

のチャネルでこの件が伝わった。リンチが動かないことに不満を抱いた警察の一部などから情報が伝わったものであった。コスグレイヴは直ちにリンチに面談を求め、武器密輸計画についての情報を得ていることを話した。リンチはその夜のうちにホーヒーとブラネイの二名を罷免した。

翌月、ホーヒーとブラネイの二人は逮捕された。両者は武器密輸計画については知らないと主張し、その後の裁判で無罪となった。

この事件はアイルランドの国政を揺るがしたが、その真相は現在も謎に包まれている。今に至るまで論議の対象となっているのは、リンチがこの計画を予《あらかじ》め知っていたのかどうかである。リンチは当時もその後もこの計画を知らなかったとの立場を維持したが、リンチも承知の上でのオペレーションであったとの見方もある。それ次第でこれは全く異なる様相の事件となる。

リンチがこの計画を知らなかったとすれば、これは一部の閣僚らが陰謀を企て、それが露見して罷免された事件となる。反対にリンチも承知の計画であったとすれば、政府首脳レベルで秘密の計画を進め、それが表沙汰となりそうになったので一部の関係者がトカゲの尻尾《しっぽ》切りの対象となり、責任を押し付けられたことになる。これはリンチやホーヒーの評価にも関わる問題であるが、明確な決着を見ていない。近時の研究では「トカゲの尻尾切り」説が有力視されている。

英国による北アイルランド直接統治

一九六九年以降、北アイルランド政府、英国政府は治安面の取り組みを強化した。一九七一年八月、チチェスター＝クラークに代わって北アイルランド首相の座に就いたブライアン・フォークナーは、裁判なしで容疑者を拘束できる予防拘束制度しか解決策がないと考え、これを強行した。一方、これは、治安維持に資するどころか、かえって紛争を深刻にした。

一九七二年一月三〇日、北アイルランド公民権協会がデリーで組織した予防拘束制度に反対するデモが「血の日曜日」事件と呼ばれる大惨事となった。無許可ではあったものの平和裡に進行していたデモ隊に英軍落下傘部隊が銃撃を加え、死者一三名、負傷者多数を出すこととなった。北アイルランド各地でこれに対する抗議集会やデモが行われ、アイルランドにおいては、ダブリンの英国大使館が焼き討ちにあった。

事態を重く見た英国のエドワード・ヒース首相は、フォークナーをロンドンに呼び、北アイルランドの治安についての権限を英国政府に委ねるように求めたが、フォークナーはこれを受け入れなかった。そこで、英国政府は同年三月、北アイルランド議会と自治政府の権限を停止し、直接統治に踏み切った。

EC加盟

リンチ政権にとって北アイルランド紛争は難問となったが、同政権による前向きな成果としては、積年の課題の欧州共同体（EC、一九六七年にEECが他の二機関と統合）への加盟を進展させたことが挙げられる。英国の加盟を拒否していた仏大統領のド＝ゴールが一九六九年四月に辞任したことで、英国とともにアイルランドの加盟についても話が動き出したためであった。アイルランドのEC加盟交渉は一九七〇年一月から開始された。

アイルランドのEC加盟に際しては、依然として残る国内産業の保護措置が重要な論点であった。その結果、一九七三年から一九七七年までの五年間を経過期間としながら、自動車、鉄鋼、繊維の各セクターについては国内産業のための特別措置が認められた。さらに、産業発展のための政府の補助、優遇策などを維持することも認められた。

一九七二年一月二二日、EC加盟条約が署名され、同年五月に国民投票に付されることとなった。結果は、賛成八三・一％、反対一六・九％と圧倒的多数がこれを支持した。アイルランドは、英国、デンマークとともに一九七三年一月一日よりEC加盟を果たした。EC加盟は国連加盟に続いてアイルランドにとって世界における位置付けの重要な要素となり、「近代化への大きな弾み」（トーマス・バートレット）にもなった。

ちなみに大統領のデ＝ヴァレラは、EC加盟によって国家の主権が制限されることを理由に国民投票において反対票を投じたとされる。これは主権の確立を何よりも重視してきたデ

＝ヴァレラの姿勢を示す挿話である。デ＝ヴァレラが国政を動かしていた一九三二年から一九四八年までの間は、主権の確立が何に増しても重視された。一方、今や独立から時を経て主権の確立の段階は過ぎ、主権の共有による欧州統合に参加するだけの余裕が生まれていた。

経済分野における「デ＝ヴァレラ・モデル」から「リベラル・モデル」への移行は、レマスとウィタカーの改革で開始されていたが、一九七三年のEC加盟はこれをさらに進める第二の転機となった。一九七〇年代には、エリクソン、アレルゲンなどの企業がアイルランドに投資を行ったが、それを後押ししたのはEC加盟であった。日本からも、旭化成、ノリタケ、NECなどが進出した。

以前からとられていた製造業の輸出販売について法人税を無税にするという輸出販売減税の制度は進出企業にとって魅力的な制度であったが、EC加盟後に、輸出セクターに肩入れする不当な国家補助として問題視された。一九八〇年からは、製造活動についての所得には一〇％の税率とするとの制度に置き換えられた。法人税の標準税率は当時、四〇〜五〇％であったので、それでも製造業には有利な制度であった。

カトリックの地位

「デ＝ヴァレラ・モデル」から「リベラル・モデル」への移行は、経済面では進んだものの、社会的価値における変化ははるかに緩慢であった。女性政治家のジェンマ・ハッシィはアイルランド社会の変化を分析した著書で「一九二二年の独立から一九七〇年代まで、アイルランドの政治的・社会的歴史は保守的なカトリック教会の社会観を忠実に反映するものであったと指摘した。

依然としてカトリックを中心とする社会的価値には大きな変化はなく、性に関わることを大っぴらに語ることへの禁忌が根強く存在していた。避妊具は既婚者が自分の家庭内の目的で使用する場合にも禁じられていた。一九七一年初頭、ダブリン大学トリニティ・カレッジの法学部教授で上院議員を務めていたメアリー・ロビンソン(のちの大統領)が、避妊具の合法化のための法案を提出したが、抵抗が強く、議会審議の最初の段階である第一読会にも入ることさえできなかった。避妊具の合法化を求めて、同年五月に二〇名の女性が北アイルランドに赴いて避妊具を購入して帰国したことをアピールする「避妊列車」の事案が起こったが、合法化はアイルランド社会全般の支持を得るに至っていなかった。

一九七二年一二月、憲法におけるカトリックの「特別の地位」の規定が削除された。デ゠ヴァレラが策定に当たった憲法には、プロテスタント諸宗派などの存在にも触れつつ、カトリックに「特別の地位」を与えていた。この条項は、かつてはプロテスタント諸宗派からも評価されていたが、それから四半世紀が過ぎて、カトリック以外の諸宗派に対して差別的と捉えられるようになっていた。また、北アイルランド紛争が深刻化する中、アイルランドがカトリック体制である印象を与えることは南北アイルランド関係においても適切ではなかった。このカトリックの「特別の地位」条項の削除は、国民投票で賛成八四・四%、反対一五・六%で可決された。しかし、カトリックを中心とする社会的価値は人々の考え方を依然として強固に支配していた。一九七一年の時点では、九割の人々が定期的にミサに出席していた。

三　デフレとの戦い

入れ替わりの激しい政治

一九七三年から一九八七年までの一四年間は、フィナ・ゲールを中心とする連立政権と、フィアナ・フォイルの単独政権が交代で国の舵取りにつく入れ替わりが激しい時期となった。一九七三年、フィナ・ゲールと労働党とによる「国家的連立」政権が生まれた。それまで一六年間のフィアナ・フォイル政権が続いており、選挙民は変化を求めた。フィナ・ゲールのリアム・コスグレイヴが首相となり、労働党のブレンダン・コリシュが副首相となった。

一方のフィアナ・フォイルは、一九七七年に選挙民にアピールするバラマキ政策を掲げて政権を奪回し、リンチが首相に返り咲いた。リンチは、七九年に退任の意向を示し、副首相兼財務相のジョージ・コレイと保健相のホーヒーとの間で激しい後継争いが行われた。レマス後継を争った六六年の党首争いの再現であった。リンチはコレイに引き継ぐことを望んで

チャールズ・ホーヒー
（1925～2006）

おり、ベテラン議員の中にはコレイの方が安心できると考える者が多かったが、トップの座に就くべく執念を燃やしてきたホーヒーは新人議員に人脈を広げていた。党首選挙の結果、四四対三八でホーヒーが勝利して党首に就き、首相に就任した。ホーヒーにとって、一九七〇年の「武器危機」での罷免、逮捕の後の雌伏の時期を乗り越えての政治的カムバックであった。ただ、ホーヒーは毀誉褒貶《きよほうへん》の激しい人物で、彼が党首となってからは党内の反対勢力がことあるごとにホーヒー下ろしを仕掛けることとなった。

ホーヒーとフィッツジェラルド

一九七九年から八七年までの八年間には、フィアナ・フォイルはホーヒー、フィナ・ゲールはガレット・フィッツジェラルドの二人がそれぞれの党首として競い合い、交代で首相の座についた。

ホーヒーとフィッツジェラルドの二人は、ほぼ同時期の生まれで（ホーヒーは一九二五年九月生まれ、フィッツジェラルドは一九二六年二月生まれ）、ともにユニヴァーシティ・カレッジ・ダブリン（UCD）に学び、当時から知り合いであるものの、二人は、正反対と言って良いほど異なっていた。

ホーヒーは、ダブリンの北部の出身で、幼少期の生活は楽ではなかった。叔父二人は北アイルランドで活動したIRAのメンバーで、幼少期に親戚を訪ねて北アイルランドに赴いた経験もあり、生涯にわたって南北分断に強く反対する姿勢を持ち続けた。学生時代にはゲーリック・フットボールをプレイし、ゲーリック競技協会（GAA）支援者となった。一方、フィッツジェラルドは、アイルランド自由国成立時に初代の外相となったデズモンド・フィッツジェラルドの息子として、ダブリンの南部の中産階級の家庭で育った。フィッツジェラルドの母親はプロテスタントで（のちにカトリックに改宗）、フィッツジェラルドは生涯をかけて、南のカトリックと北のプロテスタントの調和を目指した。ゲーリック・ゲームズには縁がなかった。

こうした出身の相違は、両者の政治姿勢にも反映された。ホーヒーは、労働者、農民へのアピールを目指し、ナショナリストのレトリックを重視した。一方、フィッツジェラルドは、現代的で寛容なヨーロッパの民主主義をアイルランドに定着させることを目指し、リベラルな中間層、女性にアピールしようとする政治姿勢であった。

一九七九年一二月から一九八七年三月までの約八年間、二人はそれぞれ交代で二度ずつ政

ガレット・フィッツジェラルド
（1926〜2011）

権の座に就いたが、これは、短命政権が続いたことを意味している。第一次ホーヒー政権は約一年半、第一次フィッツジェラルド政権（労働党との連立政権）は八カ月余、第二次ホーヒー政権は九カ月余であった。これら四つの政権のうち、第二次フィッツジェラルド政権（労働党との連立政権）のみが四年三カ月と比較的長い任期を務めた。

困難な経済運営

一九七三年から一九八七年まで、このように政権の入れ替わりが激しい時期となったのは、経済運営が困難だったためである。この時期、EC加盟がもたらした経済メリットがあったものの、一九七三年からの第一次石油危機、一九七九年からの第二次石油危機による世界経済の減速の影響を強く受けることとなった。アイルランドは、インフレの亢進、歳出圧力の増大、財政悪化と戦うこととなった。

一九七三年に誕生したフィナ・ゲールと労働党とによる「国家的連立」政権は、経済運営に苦戦した。まず、インフレが悪化した。一九七二年は八・六%、一九七三年には一一%、一九七四年には一七%、一九七五年には二一%と上昇した。亢進するインフレ下にあって賃金や各種給付の上昇を抑えることが鍵であったが、これを抑えることは困難であった。労働組合の力により、また、労働党が連立政権の一角を占めていたこともあり、賃金・各種給付の上昇に歯止めが効かなかった。一九七四年の賃金協定では実に二九・四％の賃金の上昇が認められた。社会福祉給付のための支出がGNPに占める割合はこの連立政権の期間に六・五％から一〇・五％に跳ね上がった。上昇する一方の歳出を支えるために内外からの借り入れが急増した。

一九七七年の総選挙で政権に復帰したフィアナ・フォイルは不利とされた予想を跳ね返すために、雇用、税などで大々的なバラマキ公約を提示した。

その後、一九七九年から一九八七年まで、ホーヒー率いるフィアナ・フォイルの単独政権と、フィッツジェラルド率いるフィナ・ゲールを中心とする連立政権とが交代で二回ずつ政権を担ったが、経済運営は同じパターンが繰り返された。フィアナ・フォイル政権は、財政状況などお構いなしに選挙民にアピールするバラマキ政策を続けた。一方、フィナ・ゲールと労働党による連立政権は、財政状況改善の意識はあったものの、労働党の要求によって社会保障給付の増額を確保しないわけにはいかず、増税に頼らざるをえなくなり、経済を冷え込ませた。

こうした経済運営の困難から、失業と移民が増大した。財政赤字の対GNP比率は、一九七三年に八％であったが、一九七五年には一六％に達した。その後、一九七六年に一一・

一％、一九七七年に一〇％と下がったものの、一九八一年には再び一六％に達した。一九八一年、一九八二年と二年続けて予算編成が困難となったため下院の解散、総選挙に至るありさまとなった。

この間、経済成長は大幅に減速した。国民可処分所得で見ると、一九六〇年から一九七三年までが年平均四・九％の成長を果たしたものの、一九七三年から一九七九年は二・八％に下がり、一九七九年から一九八六年には〇・三％にさらに下がった。アイルランドは、EC内において経済の面で避けるべき事例と見なされ、経済政策の立て直しが急務となっていた。

サニングデール合意

一九七三年から一九八七年までの間、北アイルランド紛争については、解決のための試みと情勢の悪化の双方が交錯する時期となった。

一九七二年に北アイルランドの直接統治に踏み切った英国のヒース政権は、一九七三年三月、白書「北アイルランドの憲政上の諸提案」を発表して北アイルランド紛争の解決のための新政策を打ち出した。比例代表制によって北アイルランド議会を構成し、宗派横断的な自治政府を組織する権力共有がその眼目であった。また、アイルランド政府との協力を進め、アイルランド政府の関与を得る方向性も明確に打ち出された。

同年六月の北アイルランド議会選挙で、この白書への賛否が問われた。ユニオニストの最大政党のアルスター・ユニオニスト党（UUP）は、白書賛成派と白書反対派とで分裂選挙となった。選挙の結果、総議席数七八のうち、白書支持が五二議席、白書反対が二六議席となった。

この選挙結果を踏まえて、一九七三年一二月、英国のヒース首相、アイルランドのコスグレイヴ首相、北アイルランドのフォークナー首相の間で、サニングデール合意が署名された。北アイルランド住民の多数が望まない限りその地位に変更はないことを確認しつつ、南北同数の閣僚によるアイルランド評議会を設置すること、テロリズムに対して英愛両国政府が一層協力することを内容とするものであった。

ここで、北アイルランドにおけるユニオニストとナショナリストとの間での権力共有、アイルランドの関与の二つの要素がはっきりと出てきた。これは、北アイルランド紛争の解決を目指すための真剣な取り組みであったが、ユニオニストからの反発も強かった。権力共有とは、ユニオニストにとってこれまで独占してきた政治権力が奪われることに他ならなかった。アイルランド評議会についても、ユニオニストにすれば、口を挟む立場ではないアイルランドに役割を与えるもので、問題外であった。

一九七四年一月、権力共有の考え方に基づき、北アイルランド自治政府が発足したが、ユニオニストの反対派は、あらゆる手段でこれを潰しにかかった。アルスター労働者会議は、同年五月一五日からゼネストを決行し、ユニオニスト武装組織がロックアウトに協力した。

ゼネストは二週間にわたって続けられ、電力も停止し、北アイルランド全域が麻痺《まひ》した。フォークナーは首相を辞任し、権力共有政府は崩壊した。

一九七四年から一九七六年にかけて、英国政府は権力共有の形での行政府設立評議会を設置することを試みたが、選挙で選出された者の多くは権力共有を拒否したため挫折した。このため、英国政府は、政治解決よりは治安対策に軸足を移した。

刑務所における闘争

一九七六年から、英国の刑務所に服役しているＩＲＡなどのナショナリスト武装組織の活動家が刑務所における待遇をめぐる闘争を五年間にわたって繰り広げた。これらの受刑者は一九七二年七月以降、囚人服を着用しなくてもよいなど、戦争捕虜並みの特別待遇を受けることとなっていた。ところが、一九七六年以降、英国政府は治安対策の観点からこれら受刑者を犯罪者として扱う犯罪化政策をとり、この特別待遇を剝奪した。

受刑者は、囚人服を着ない権利、囚人労働をしない権利など特別待遇の復活を求め、囚人服を着ることを拒否して裸体に毛布をまとう「毛布による抗議」を始めた。刑務所内の闘争は、一九七八年、さらに「汚物による抗議」にエスカレートした。独房の清掃のために独房外に出ることを拒否し、糞尿を壁に塗りつけるものであった。受刑者の要求の根拠は、自分たちは単なる犯罪者ではなく政治的信念に基づく政治犯であるという点にあり、受刑者にとってこの待遇の問題は武力闘争の正当性に関わるものであった。

一九八〇年、刑務所内の闘争はさらにハンガー・ストライキに発展した。英政府は、一九七九年から保守党のマーガレット・サッチャー首相の政権となっていたが、同政権も「受刑者は犯罪者」との姿勢を維持した。ハンストは年明けに一旦中止になったが、一九八一年、ボビー・サンズが新たにハンストを開始し、六六日目に死亡した。サンズはその間、英国下院の補欠選挙に立候補して当選した。受刑者は英国政府に圧力を加えていくため、ハンストを一斉に開始するのではなく、日をずらして開始する方式をとった。五月からハンストが中止される八月までに更に九人が命を失った。各方面から英国政府に人道的な配慮を求める声が上がった。英国政府は受刑者が求める政治犯待遇は認めなかったが、実質的にその要求事項を満たす形で事態は決着した。

このハンスト闘争はIRAとその政治部門であるシン・フェイン党への支持を高めた。北アイルランドのカトリック系住民の待遇改善を求め、アイルランド統一を目指すナショナリズムは、議会制民主主義の手続きに依拠して進めようとする穏健派と、武装闘争を通じて実現しようとする急進派とに分けられるが、ハンスト闘争は後者の勢いを強めた。

ホーヒーの北アイルランド政策

この時期、英国のサッチャー政権に対峙《たいじ》したのはホーヒーとフィッツジェラルドの二人であったが、北アイルランドについての二人のアプローチは大きく異なっていた。

ホーヒーは、ナショナリストとしての立場を強く打ち出して英国政府に働きかけることで統一アイルランドの実現を目指そうとした。そして、北アイルランド問題を解決して歴史に名を残すことに意欲を持っていた。ホーヒーは、一九八〇年一二月、サッチャーをダブリンに迎えて行った首脳会談に北アイルランド問題解決の糸口を見出そうと臨んだが、サッチャーにはそうした意図はなく、会談内容の対外説明の食い違いから両者の間にはむしろ感情のもつれが残った。ここでの信頼関係の破綻に加え、ハンガーストライキの問題、フォークランド紛争についての立場の相違も両国関係を困難なものとし、事態は進展しなかった。

フィッツジェラルドの北アイルランド政策

一方、フィッツジェラルドのアプローチは異なっていた。フィッツジェラルドは、北アイルランドのナショナリストとユニオニストという二つのコミュニティの間で信頼関係を構築して、権力共有の仕組みを成立させ、そこにロンドンからの権限移譲を実現することを最初の一歩とするべきと考えた。

フィッツジェラルドは、閣僚や補佐官とともに、進むべき方向性を討議した。まずは北アイルランドのユニオニストや英国の理解を得るために、アイルランド全島に主権が及ぶと規定している憲法第二条や、憲法上の離婚の禁止の規定を改める必要があるのではないかとの点が提起された。これは、ホーヒーを始めとするフィアナ・フォイルとは全く異なった発想であった。

フィッツジェラルドのこうしたアプローチは、一九八二年末からの第二次政権で具体的な成果を挙げた。フィッツジェラルドはナショナリスト穏健派のSDLPのジョン・ヒュームの考えをいれて一九八三年から「新アイルランド・フォーラム」を立ち上げた。アイルランド統一問題についてナショナリスト側の立場を柔軟にすることを狙ったものであった。一九八四年に取りまとめられた報告書は、アイルランド島の将来像として、単一国家、連邦また は国家連合、英国とアイルランドの共同統治の三つを挙げた。

一方、サッチャー首相はこの三つのオプションについて「単一国家はダメ、連邦はダメ、共同統治もダメ」とどれも考えられないと否定の姿勢を示した。これは、アイルランド政界においては大きな反発を生み、フィッツジェラルドに強く反撃するよう求める声が噴出した。しかし、フィッツジェラルドは静かな外交に徹した。

フィッツジェラルドは、北アイルランド問題について「アイルランドの関与」を英国に認めさせるべくヒュームと連携しつつ策を練った。テロ活動を続けるIRAの政治組織であるシン・フェイン党への支持の高まりは、危険な兆候であった。アイルランドからすれば、シン・フェイン党の台頭は、北アイルランドでナショナリストが疎外されていることの結果であり、ナショナリストの利益を保護する仕組みが必要であった。

英国政府も、治安状況とナショナリスト急進派の台頭を懸念していた。治安対策でアイルランドの協力を得るためには、北アイルランドのナショナリストの懸念を代弁する役割として「アイルランドの関与」を認めることは、「必要な対価」であると判断された。

英愛協定の結実

そうした両者の共通項の模索が一九八五年の英愛協定に結実した。これは、全部で一三条の短い条約であり、第一条で北アイルランドの地位の変更には北アイルランドの住民の過半数の同意が必要であるという「同意の原則」を確認するとともに、現在、過半数の住民が望むのは現在の地位を変えないことであること、仮に、将来、北アイルランドの住民の過半数が統一アイルランドの設立を望む場合、両国政府はそれを実現するための措置をとることを規定した。さらに、残りの条文で、両国政府が英愛政府間会議を設立すること、同会議において、政治に関する事項、治安に関する事項、司法制度などの法的な事項、国境を越える協力の推進について討議することが規定された。これは、一九七三年のサニングデール合意に引き続き「アイルランドの関与」を認めるものであった。

この英愛協定にユニオニストは強烈に反発した。一一月二三日に行われた反対デモには、一〇万人とも二〇万人とも言われる多数が参加した。ユニオニストは、英愛協定の廃棄を求め、英愛協定が存在する限り、英国政府とはやり取りをしないという強硬な姿勢をとった。

英愛協定は、直ちに北アイルランド紛争の解決には向かわなかったが、次の段階へのステップの役割を果たした。

避妊は是か非か

社会的価値に関しては、一九七三年から一九八七年までの間、一部にリベラルな方向への動きも見られたが、全般的には保守的な傾向が目立った。

女性の地位については、結婚した女性が公的部門で勤務をすることを禁じる制約（一九三二年に導入）が一九七三年に撤廃された。一九七七年には雇用均等法によって、雇用に際する性差別の多くが禁止された。アイルランドのEC加盟がこうした動きの追い風となった。そうした進展はあったが、避妊、中絶、離婚といった分野では保守的な価値観が根強かった。

この時期、まず争点となったのが避妊の問題であった。一九七三年に最高裁で避妊具の使用の禁止の適否が問われた。二七歳で四児の母のメアリー・マックギーという女性は、以前の妊娠の際、脳血栓症などを起こし、今後、妊娠する際には生命の危険があると診断された。医師はそうした危険に鑑み避妊のため殺精子剤を処方し、マックギーはこれを英国から購入しようとしたが、避妊具の購入の禁止のため、税関で押収された。そこで、マックギーは、こうした法が憲法に違反しているのではないかと訴えを起こした。最高裁は、四対一でマックギーの訴えを認め、結婚している夫婦は、自分たちの選ぶやり方で家族計画を立てる権利があると判示した。

フィナ・ゲールと労働党の「国民連立」政権はこの司法判断に合わせた法律を制定することが求められることとなったが、これが難産となった。一九七四年、パトリック・クーニイ法相が既婚者のみに避妊具へのアクセスを認める法案を立案し、議会に提出した。野党のフィアナ・フォイルはこれに反対姿勢をとった。カトリックの教義を守り、政府を窮地に追いやるために、党所属の議員に党議拘束をかけて反対するように指示をした。政府側は、良心・信条に関わる問題として自由投票にしたが、七月、法案は六一対七五で否決された。衝撃的だったのは首相のコスグレイヴが敬虔なカトリックとしての立場から反対投票を行ったことだった。

この問題は、一九七九年にフィアナ・フォイルが政権に復帰した際、自ら解決すべきものとなった。担当大臣は保健相のホーヒーであった。世論は割れ、フィアナ・フォイル内でも反対論が強かった。ホーヒーは、幅広い関係者と協議し、避妊具の使用を善意の家族計画または適切な医学的な理由がある場合に限定して、医師の処方により薬剤師から購入されることを求めるとの法案を策定し、これが成立した。

同じ一九七九年には、フィアナ・フォイルのメアリー・ゲーゲン＝クインが第一次ホーヒー内閣でゲールタハト（アイルランド語使用地区）担当大臣に任命された。かつての国民議会政府で労働相に就いたマーキェヴィッチ夫人以来の女性閣僚であった。

妊娠中絶禁止の憲法改正

一九八一年、次は妊娠中絶が政治の焦点となった。中絶はもともと英国統治下の対人犯罪法で違法とされていたが、これを合法化する動きを封じ込めるために、憲法で中絶を禁止することが主張されたためである。この背景には、米国で一九七三年のロー対ウェイド事件において妊娠中絶を規制するテキサス州法を違憲、無効とした最高裁判決があった。プロ・チョイス（産むか産まないかの選択を重視する立場から中絶の権利を擁護）支持の判断だった。プロ・ライフ（生命を尊重する立場から中絶に反対）陣営はアイルランドで同様の動きとなることを懸念し、いかなる政府が成立しても中絶容認に動くことがないよう、憲法で中絶禁止を明示するように主要政党へ働きかけた。

ホーヒーも、フィッツジェラルドも、中絶には反対であり、それを憲法に明記することに意見の相違はなかった。フィッツジェラルドは、社会的価値に関しては基本的にリベラルな志向で、「憲法の十字軍」を標榜《ひょうぼう》し、避妊や離婚についてリベラル化を進めるのが基本姿勢だったが、中絶についてはそれは当てはまらなかった。フィッツジェラルド自身、自叙伝の中で、中絶への嫌悪感と、中絶への反対については広く一致が見られる数少ない問題と考えていたことを述べている。

一九八二年、第二次ホーヒー政権で憲法改正案の文言を検討したが、時間がなく、具体的な改正手続きにまでは入れなかった。ホーヒー政権が準備した文言は、「国家は、胎児の生命に対する権利を認め、母親の生命に対する同等の権利に適切に考慮を払いつつ、胎児の生命に対する権利を尊重することを法において保証するとともに、実行可能な限り法によって当該権利を守り、擁護する」というものであった。

ホーヒーの後を受けてフィッツジェラルドが政権についた際、前のホーヒー政権が準備した文言をそのまま用いようとしたが、ピーター・サザランド法務総裁からこの文言には問題があるとの指摘があり、大慌てとなった。サザランドの指摘は、母の生命が危機にさらされる場合がある、中絶が許容される場合があるというものだった。

これを受けて、フィッツジェラルドは、サザランドに修正案の検討を指示し、「この憲法のいずれの規定も中絶を禁止する法律を無効にするために援用することができない」との修正案が出てきたが、この案はフィアナ・フォイルからも、カトリック教会からも支持を得られず、フィナ・ゲール内でも意見が分かれ、結局は、ホーヒー政権時の憲法改正案が議会で承認された。

この憲法改正案は、一九八三年九月に国民投票にかけられ、賛成六六・九%、反対三三・一%で可決された。これは、憲法の「第八次改正」と呼ばれるものであるが、その後、多くの論議を招くものとなる。フィッツジェラルドが想定した、中絶への反対については広く一致が見られるだろうという想定とは全く異なった展開となった。また、サザランドの指摘は、その後、いくつかの悲劇的な事例で現実化することになる。

フィッツジェラルドは、中絶の問題ではプロ・ライフの立場をとったが、避妊の問題では、リベラル化の方向を進めた。一九八五年、ホーヒーが保健相の際の一九七九年の立法をさらに自由化し、一八歳以上の成人がコンドームと殺精子剤を医師の処方なしに購入できるとの改正案を議会に提出した。与野党ともに造反が出たが、八三対八〇の僅差で可決、成立した。

フィッツジェラルドは、その勢いに乗って、憲法上の離婚禁止の規定を削除する作業に着手した。離婚を合法化し、離婚が認められる場合を特定する憲法改正は、一九八六年五月に議会を通過し、国民投票にかけられることとなった。世論調査では当初、この憲法改正について賛成が多数を占めていたが、カトリック教会が反対姿勢をとり、フィアナ・フォイルがこれに反対するキャンペーンの中核となり、形勢は逆転した。六月に行われた国民投票では、賛成三六・五％、反対六三・五％で否決された。それほど、カトリックの価値観は強固であった。

この章で見た一九四八年から一九八六年までの時期は、経済の面では「デ＝ヴァレラ・モデル」の保護経済政策から「リベラル・モデル」の開放経済政策への転換が図られたが、経済停滞からの脱却を実現するには至らなかった。社会的価値に関しては、「デ＝ヴァレラ・モデル」を形作った保守的な価値観が引き続き支配的であった。また、北アイルランド紛争が勃発し、紛争解決までの道のりは遠かった。政治面では、フィアナ・フォイルが最大の党であり続けたが、経済困難などを背景に政権交替が頻繁に起こった。

Column ④ 映画

アイルランドと映画との縁は深い。

ハリウッドで活躍した映画監督、俳優には、アイルランド系が少なくない。監督で言えばジョン・フォード、俳優で言えばジョン・ウェイン、モーリン・オハラ、ピーター・オトゥール。挙げ始めるとキリがない。ロケ地としてもよく用いられる。『スター・ウォーズ／フォースの覚醒』で描かれる絶海の孤島は、アイルランド南西部のアイヴァラ半島の沖合に位置する世界遺産のスケリッグ・マイケルである。

一方、アイルランドを理解する観点から興味深い映画も多い。そこで描かれるアイルランドは、時に誇張や変形もあるが、この国を理解する貴重な接線を提供してくれる。かつては、米国、英国の映画産業がアイルランドを素材とする映画を作成するというパターンが多かった。ところが近年はアイルランド政府の振興策もあり、アイルランド発の映画が増えてきた。本書で述べてきたアイルランドの歴史を映画がどのように描いてきたか、いくつかの例を紹介したい。

英国支配の時代設定の作品としては、鬼才スタンリー・キューブリックが監督した『バリー・リンドン』（一九七五年）がある。戦乱にまみれた一八世紀のヨーロッパを舞台に野心的なアイルランド青年が英国貴族に成り上り、その後、没落していく軌跡を描いた。

二〇世紀初頭のダブリンを舞台としているのがジョン・ヒューストン監督の遺作となった『ザ・デッド／「ダブリン市民」より』（一九八七年）である。ジェイムズ・ジョイスの短編「死者たち」を映画化したものである。知人宅での夕食会から夫妻がホテルに戻ると、妻が少女時代の恋を話し始める。時代設定は一九〇四年であり、第三次自治法案、第一次世界大戦などで騒然とする以前のダブリンを舞台にしている。

巨匠デビット・リーン監督の大作『ライアンの娘』（一九七〇年）はイースター蜂起後、独立戦争前夜の一九一七年、一八年を舞台に、教師の妻と英国の将校が時代のうねりに巻き込まれていく物語である。ディングル半島（アイルランドの南西部）の自然が息をのむほど美しい。

対英独立戦争、内戦の時期を舞台設定としたものとしては、『マイケル・コリンズ』（一九九六年）と『麦の穂をゆらす風』（二〇〇六年）の二つを挙げたい。前者はこの時代の政治・軍事の主役を担った人物を、後者は歴史上無名の人物を主人公としているが、独立戦争をともに戦った仲間が内戦により敵味方となるモチーフでは共通している。これらの映画で描かれている村人や市民の英国に対する感情が興味深い。

一九二〇年代を舞台に伝統的なアイルランドを描いたのが、名匠ジョン・フォード監督による『静かなる男』（一九五二年）である。司馬遼太郎は、これをアイルランド的な性格群の「さまざまな典型の展覧会のような映画」と呼んだ。この映画で前提になっているのは、男性中心で、女性の権利が男性に従属している社会である。

一九三〇年代後半、一九四〇年代の貧しいアイルランドが示されているのがフランク・マコートの回想録を元に映画化した『アンジェラの灰』（一九九九年）である。父親は飲んだくれ。母親がいくら懸命に働いても生活は楽にならない。マコート少年は不屈の精神と向学心でたくましく生き抜き、一四歳の時から働いて一家を支え、一九歳の時に念願のニューヨーク行きを実現させる。マコートは米国で英語と作文の教師となり、六六歳で書いたこの回想録でピューリッツァー賞を受賞した。

一九五〇年代の停滞したアイルランドはシアーシャ・ローナン主演の『ブルックリン』（二〇一五年）で描かれている。当代アイルランドを代表する作家であるコルム・トビーンによる同名小説の映画化である。アイルランド島の東南部にあるエニスコーシー（ウェックスフォード県）からニューヨークに移住した若い女性エイリシュの成長、恋愛、家族、故郷をめぐる物語で、当時の閉塞したアイルランドと活気溢れる米国との落差が描かれている。『アンジェラの灰』とともに、アイルランドからの移民・脱出がモチーフになっている。

北アイルランドをテーマにした映画には胸を打つものが少なくない。ケネス・ブラナー監督による『ベルファスト』（二〇二一年）は九歳の少年の目を通じて、宗派的紛争が地域コミュニティを引き裂いていく中、普通に生きることの意味を問う。一九七二年、デリーでのデモに英国の陸軍落下傘連隊が発砲し、非武装の市民一四人が死亡した惨事「血の日曜日」事件をテーマとしたのが『ブラディ・サンデー』(二〇〇二年)である。また、北アイルランド紛争の行方に大きな影響を与えた一九八一年のボビー・サンズのハンガー・ストライキをテーマとしたのが『ハンガー』(二〇〇八年)である。『ボクサー』(一九九七年)では、刑期を終えて出獄してきた元IRAの活動家を主人公に紛争に終止符を打つことの難しさが浮き彫りにされる。

ケルティック・タイガーと称された経済成長が始まる前の一九八〇年代のダブリンを舞台としたのが『ザ・コミットメンツ』(一九九一年)だ。不景気にあえぐダブリン北部の労働者の町でソウル・バンドを結成するストーリーである。「アイルランド人はヨーロッパの黒人だ。ダブリン北部の住民はダブリンの黒人だ」というセリフが印象的だ。

ケルティック・タイガーで勢いがよいダブリンが見られるのが『Ｏｎｃｅ：ダブリンの街角で』(二〇〇七年)である。ギターの弾き語りをするストリート・ミュージシャンの男と、チェコからの移民のピアノを弾く女との物語である。前述のアイルランドからの移民、脱出を目指すいくつかの映画と異なり、この映画では移民としてアイルランドにやってきた女性が主人公となっていることが興味深い。

第四章　ケルティック・タイガーの時代

一九八七〜二〇〇八年

一　高度成長の光と影

アイルランドは、一九八七年から一九九四年までの期間にマクロ経済の安定を実現し、その後、一九九四年から二〇〇八年まで「ケルティック・タイガー」と称賛された高度経済成長を謳歌《おうか》した。第一節では、この間の政治と経済の動きを順に見ていきたい。北アイルランド情勢の展開、社会的価値についての動向はそれぞれ第二節、第三節でまとめて取り上げる。

ホーヒーの本領発揮

一九八七年二月の総選挙でフィアナ・フォイル（英愛条約反対派による党）が勝利して政権を奪還した。過半数には達しなかったが、無所属議員の支持を加えて、チャールズ・ホーヒーが三度目の首相に返り咲いた。八七年から八九年までの期間は、一九六〇年代以来、指導者として期待されてきたホーヒーがその能力を発揮した期間となった。

第三次ホーヒー政権で特筆すべきことは、財政健全化による経済の立て直しの道筋を作ったことであった。それまで二度のホーヒー政権は口では歳出削減を唱えながら、実際には、支持の獲得や選挙対策のため歳出拡大に走り、財政悪化の一途をたどっていた。ホーヒーは八七年に政権の座に復帰すると、それまで自身が批判していた前政権以上の歳出カットを行う姿勢に転じた。これはホーヒー自身が覚悟を決めたこともあるが、二人の政治家に負うところが大きかった。

一人目は当時三五歳の若手政治家のバーティ・アハーン労働相であった。経済運営の鍵は公共支出の削減とともに、賃金抑制のための労働組合との協定にあった。アハーンの交渉力を得て政府は一九八七年一〇月に雇用者連盟、労働組合などの諸団体との間で賃金抑制を含めた三カ年の「国家再建計画」をまとめた。これがマクロ経済安定化の基礎となった。

二人目はフィナ・ゲール（英愛条約賛成派による党）の新党首アラン・デュークスであった。野党に転落したフィナ・ゲールとすれば、ライバル政党のフィアナ・フォイルの経済政策を批判し、それに反対するのが常道と思われたが、デュークスは党利よりも国益を優先した。デュークスはダブリン西部のタラの会合で「政府が正しい方向に向かっているときは、そうした政策の中心的な部分に反対することはしない」と述べ、こうした方針はタラ戦略と呼ばれた。このデュークスの方針にはフィナ・ゲール内では批判もあったが、このタラ戦略はアイルランド経済の立て直しを助け、後の「ケルティック・タイガー」の基礎を作る功績を残した。

タラ戦略は経済の側面を超えて内政にとっても新たな動きであった。アイルランドの内政は、長年の間、内戦で戦った両陣営であるフィアナ・フォイルとフィナ・ゲールが骨肉のライバルとして対立する構図で、「内戦政治」とも呼ばれた。デュークスの英断はそうした歴史の変化の兆しと言えた。

ホーヒーは財政健全化に加え、金融サービスの重要性にも着目し、ダブリンに国際金融サービス・センターの設置を決め、同センターでの所得に対して製造業と同様に法人税の軽減措置（税率を一〇％とする）を適用することについてEC委員会の了解を得た。これは、ホーヒーの先見の明を示すもので、金融サービスはアイルランドの主要経済セクターへと成長した。

マクロ経済の安定

諸団体との協議に基づく一九八七年の国家再建計画によって、賃金抑制、インフレ克服、財政状況改善が可能となり、アイルランド経済はマクロ経済安定化の軌道に乗った。インフレ率、債務のGDP比率、経済成長率の主要経済指標がこれを機にはっきりと改善した。

アイルランド経済の発展の歴史において、この一九八七年の国家再建計画は、レマスとウィタカーの改革、EC加盟に次ぐ重要な転機となった。アイルランド経済は保護貿易中心から対外開放中心へと変化してきており、これは経済面での「デ＝ヴァレラ・モデル」から「リベラル・モデル」への切り替えであった。そうした変化は財政規律を伴った健全な経済運営があってはじめて持続可能となるものであったが、それを実現したのが国家再建計画であった。

アイルランド経済の好転を支えた要因としては、前述の国内要因のほかに、対外的要因として欧州統合の進展による単一市場の成立があった。ECはかねてより、人・モノ・サービス・資本が自由に行き来できる単一市場を目指していたが、そのためには、加盟国間の関税の撤廃のみならず、技術基準などのルールの統一によって非関税障壁を撤廃する必要があった。一九八五年にEC委員長に就任したジャック・ドロールの下で、一九八六年に欧州単一議定書が締結され、一九八七年に発効した。これにより、一九九二年末までに単一市場が成立することとなった。経済圏としてのECの可能性が大きく広がり、また、アイルランド経済としても英国依存からの脱却を進めてヨーロッパ規模での活動が容易となった。さらにECは、一九九二年のマーストリヒト条約によって欧州連合（EU）へと発展した。アイルランドは、これを通じて欧州通貨統合に参加していくこととなった。

これらは、外国企業の進出に顕著に反映した。一九八〇年代にはIT分野の製造企業の進出が目覚ましく、アップル、マイクロソフト、インテル、モトローラ、デル、ヒューレットパッカード、IBMがアイルランドに進出した。また、一九九〇年代には、金融サービスのシティバンク、ドイチェバンク、HSBCが進出した。日本からも多くの製造業がアイルランドに進出し、九〇年代初頭からは金融機関が進出した。

ホーヒーの落日

ホーヒーの政治家としての長所が短所を上回った時期は長くは続かなかった。一九八九年五月、ホーヒーは、血友病薬害エイズ感染対策が下院で否決されたことから下院を解散し、総選挙に臨んだ。政府としての失策ではあったが、下院を解散するほどの政治危機ではなく、閣僚のほとんどが解散・総選挙に反対であった。党内の声を押し切ってホーヒーが強行した総選挙は、失着となった。フィアナ・フォイルは第一党を維持したものの、四議席を失い七七議席となり、無所属議員の支持を加えても、下院で過半数を制する八三議席には及ばない状況となった。一方、フィナ・ゲールは、ホーヒーと対立してフィアナ・フォイルから除名されたデズモンド・オマリーらによって一九八五年に設立された進歩民主党と共通政策綱領を組んで総選挙に臨んだが、前者が五五議席、後者は六議席と、こちらも下院の過半数を制することはできない状況であった。

膠着《こうちゃく》状態に陥ったところで、新たな動きが生まれた。フィアナ・フォイルと進歩民主党とを合わせると、ちょうど八三議席という下院の過半数のマジック・ナンバーに到達することで、これを探る展開となった。

当初、これが成立する見通しは高くないと見られた。進歩民主党はフィアナ・フォイルのライバル政党のフィナ・ゲールと連立を組むことを想定して総選挙を戦っていた。進歩民主党を創設した党首のオマリーは、ホーヒーと対立し、ホーヒーによってフィアナ・フォイルから追い出されており、二人は不倶戴天《ふぐたいてん》の政敵同士であった。さらに、フィアナ・フォイルは、結党以来、自党のみで政権を運営することを基本方針としており、連立はそれに反することであった。だが、ホーヒーは権力維持のため、オマリーは党の維持のため連立に踏み切る決断を行った。

フィアナ・フォイルが連立政権を受け入れる姿勢を示したのは、価値の多様化を反映する政治の現実を受け入れたものといえる。フィアナ・フォイルは、結党以来、強固な地方組織にも支えられ「キャッチオール政党」と呼ばれるほど幅広い支持を得て、第一党の地位を保ち続けてきた。一九八九年の総選挙までは、アイルランドの政権選択は、フィアナ・フォイルの単独政権か、フィナ・ゲールと労働党などの連立政権のいずれかであった。しかし、一九八九年以降は、フィアナ・フォイルは単独では下院の過半数を占めるほどの支持を集められなくなり、政権に就くために他党との連立が必要な状況となった。

こうして政権を維持することはできたが、党内の多くが不必要と考える選挙に打って出て失敗し、連立政権を余儀なくされたことでホーヒーの党内での求心力は下がった。また、一九九〇年の大統領選挙での敗北（後述）、「政治とカネ」をめぐる政治スキャンダルの続出がそれに加わった。さらに一九九二年には、一〇年前の一九八二年のジャーナリスト盗聴事件へのホーヒーの関与が伝えられ、連立パートナーの進歩民主党はホーヒー政権への支持を撤回し、ホーヒーは辞任を余儀なくされた。満身創痍《まんしんそうい》となっての退陣は、「一〇〇〇の切り傷による死」（スティーブン・コリンズ）と表現された。

アルバート・レイノルズ
（1932〜2014）

勝負師レイノルズ

強烈な個性と高い能力とともに、スキャンダルが多く毀誉褒貶に包まれていたホーヒーが政治の表舞台から退場した後、その後任となったのはアルバート・レイノルズであった。

レイノルズは一九三二年生まれで当時五九歳であった。ビジネスマンの出身であり、一九六〇年代のショーバンド・ブームの際、ダンスホールの事業で財をなした。リスクがあっても勝負をかける勝負師のような個性を持っていた。

フィアナ・フォイルにおけるホーヒーの後継争いは、レイノルズとアハーンの争いかと思われた。アハーンは各方面に当たったところ、自分が立候補しても十分な票が得られないと判断し、レイノルズと取引をして立候補を取りやめ、レイノルズ政権での財務相のポストを得た。

レイノルズ政権は、ローラーコースターのように浮き沈みが激しい政権となった。ホーヒーから政権を引き継いだ時は、進歩民主党との連立政権であったが、レイノルズは進歩民主党との関係に無頓着で、連立を「一時的なちっぽけな取り決め」と呼び、進歩民主党の怒りをかった。さらに、牛肉業界をめぐる資金スキャンダルの取り扱いでレイノルズとオマリーとの対立が高じ、進歩民主党が連立を解消したため、政権発足からわずか九カ月で総選挙を行わざるをえなくなった。

一九九二年一一月に行われた総選挙でフィアナ・フォイルは九議席を減じて六八議席に止まる敗北を喫したが、一八議席を増やし三三議席に躍進した労働党と組んで連立政権を樹立することとなった。政策面では労働党の主張を呑《の》み込《こ》んで、権力に就くことを優先したのは一九八九年のホーヒーによる進歩民主党との連立の際と同様であった。

しかし、この第二次レイノルズ政権は二年ももたなかった。裁判官任命をめぐって労働党との関係が悪化し、一九九四年一一月に労働党は政権離脱の意向を示し、レイノルズは辞任した。北アイルランド政策では成果を挙げながら（後述）、短命の政権に終わった。

レインボー連立政権

フィアナ・フォイルではレイノルズに代わってアハーンが党首となり、同党と労働党との連立政権が継続するかと考えられたが、労働党は別の道を選んだ。労働党はフィアナ・フォイルとの連立政権を壊しておきながら、同じ形の連立政権を組み直すのでは説明がつかないと判断し、フィナ・ゲールとの連立交渉に転じた。

一九九四年一二月、フィナ・ゲールのジョン・ブルートンを首相とする労働党、民主左派党との三党連立政権が成立した。選挙によらずして連立の組み替えで政権交代が行われた稀《まれ》な例となった。この三党連立政権は「レインボー連立」政権と呼称された。八九年以来、二党による連立政権が組まれていたが、三党による連立が多色のイメージを喚起したことからの命名であった。

このレインボー連立政権が成立した一九九四年、投資銀行のモルガン・スタンレーがアイルランドを「アジアの四つの虎」と呼ばれていた香港、シンガポール、韓国、台湾になぞらえて「ケルティック・タイガー」と呼ぶ報告書を作成した。外国企業の投資を歓迎して輸出を経済成長の柱とする点でアジアの虎との共通点を捉えた表現であり、これがアイルランドの経済成長の代名詞となった。一九八七年から一九九四年までのマクロ経済の安定期を経て、一九九〇年代後半には本格的な経済成長がスタートした。経済ジャーナリストのポール・スウィーニーによる一九九八年の著書『ケルティック・タイガー：アイルランドの経済奇跡を説明する』は「アイルランドは二〇世紀の最後の時期に世界で最も速い経済成長を遂げた国となった」とその成果を誇った。

法人税一二・五％

この時期の難題の一つに法人税の問題があった。ＥＵでは、一九九〇年代半ばから国家補助規制を厳格化する動きとなり、全ての特例税率を二〇一〇年までに段階的に撤廃することが求められた。アイルランドの法人税は、一九九六年時点で言えば、標準税率が三八％となっていた一方、製造活動による所得と国際金融サービスセンターでの所得については一〇％となっていたので、全業種で分野横断的に同一の税率を設けることが求められた。

アイルランド政府内では、これにどのように対応するかが議論となった。財務省は一律二〇％とするか、最低でも一五％とすべきとの考えであった。これに対して、外資系企業の誘致を担当する産業開発庁（ＩＤＡ）から一〇％とすべきとの巻き返しがあり、ローリ・クイン財務相は一二・五％とすることで調整した。

法人税を一律一二・五％で揃えることについては、一九九八年五月に欧州委員会との間で最終的に合意に達し、一九九九年財政法に規定された。低率の法人税は、労賃の安さ、教育水準の高さ、英語国であること、種々の投資誘致措置と並んで、アイルランドが外国企業の投資を呼び込む重要な要因となった。外国企業の活発な投資は好調な輸出を支え、産業の高度化につながった。一九九八年の時点ではアイルランドはフィアナ・フォイル主導の政権となっていたが、法人税を低率に抑える政策は、フィアナ・フォイル、フィナ・ゲール、労働党のいずれもが擁護する政策となった。

アハーン首相の登場

一九九七年は政権交代の年となった。与党として総選挙に臨んだフィナ・ゲールは九議席を増やして五四議席とよい結果を出したが、連立政権の一角である労働党は一六議席減で一七議席に終わった。一方、政権奪回に意欲を示すフィアナ・フォイルは九議席増で七七議席と躍進し、四議席を得た進歩民主党と連立を組み、無所属議員の協力を得つつ政権を担うこととなった。フィアナ・フォイル党首のアハーンが首相の座に就いた。

バーティ・アハーン
（1951～）

アハーンは一九五一年生まれで、四五歳の若い首相であった。一九七七年に二五歳で下院議員となり、ホーヒーのもとで若くして院内総務、労働相を任されたが、特に、一九八七年から九一年にかけて労働相を務めた際には、労働組合との間で信頼関係を構築し、国家再建計画の立役者となった。困難な状況でも、落ち着いて冷静な態度をとり評判を高めた。世論調査において、常に高い人気の政治家であった。ビジネス界とのつながりを積極的に政治資金に活用し、「政治とカネ」にまつわる噂もあった。ホーヒーは、アハーンのことを指して、「最も上手くやっていて、最もずる賢くて、最も怪しいことをやっている」と述べていた。

走り出した経済

アハーン政権期は、アイルランドが経済面で「リベラル・モデル」の頂点に近づく時期であった。

まず、それまでの政策が功を奏し、経済が好況を呈した。一九九四年から二〇〇〇年の間、GDPの平均成長率は一〇・二%となった。二〇〇一年には一人当たりGDPが英国を上回り、その後、年々差を広げた。入移民が出移民を上回り、人口が増加した。一九九六年から二〇〇二年の間の純入移民は一五万人に達した。労働者人口は一二〇万人から一七〇万人へと拡大した。一九八〇年代には頭痛の種であった財政は安定に向かい、一九八七年には一一七%に達していた債務の対GDP比率は一九九〇年代に顕著に低減し、二〇〇〇年には三八%まで下がった。

好況を支えたのは、輸出の好調であった。また、外国企業の直接投資、教育、研究開発、政府の支援、競争など多くの要因に支えられて、生産性の向上が見られた。経済成長に伴い、国内需要も拡大し、さらなる経済の好循環を生み出した。これらにより、アイルランドは、後発国の経済発展のモデルと見なされるようになった。また、北アイルランド紛争の終結（後述）も経済面での好材料となった。

この時期、土地開発も盛んとなった。後年、バブル経済の様相を呈することとなるが、二〇〇〇年までは土地開発のペースも実需に伴ったレベルであった。

安全保障分野の新たな一歩

この時期、外交面で新たな展開があった。一九九九年、アイルランドは北大西洋条約機構（NATO）の「平和のためのパートナーシップ」に参加した。これは冷戦の終結を踏まえてNATOが域外の非加盟国との対話・協力を行うための枠組みであった。冷戦の終結後、欧州では一九九一年からの旧ユーゴスラビア内戦など新しい型の紛争が起こっていた。こうした状況を踏まえ、従来から中立政策をとってきたアイルランドも、欧州での安全保障の枠組みに可能な範囲で参加しようとする新たな一歩であった。とはいえ中立政策を放棄したわけではなく、アイルランドの政策は軍事的中立であって軍事同盟に参加しないことと一九九六年に再定義をしており、それを踏まえたものであった。

また、欧州統合は一九九二年のマーストリヒト条約によってEUに発展したが、安全保障、防衛面での協力はアイルランドにとって難しい分野であった。アイルランドにおいては、欧州統合の主要条約の批准のためには国民投票を経て憲法上にその権限を規定することが必要とされていたが、ニース条約（二〇〇一年）、リスボン条約（二〇〇八年）の批准のための国民投票はそれぞれ一旦否決された。いずれも、政府の準備不足とともに安全保障、防衛分野での協力が中立政策に反するとの懸念がその一因であった。

アイルランド政府と欧州委員会は、これらの条約が軍事的中立政策を害するものではないと保証して再度の国民投票においてようやく可決の結果を得た。リスボン条約においては「共同防衛に至りうる共通防衛政策」への言及があったため、アイルランドは共同防衛には加わらないことを憲法上付記して、ようやく批准が可能となった。このように軍事的中立政策を維持しつつ、EU内の安全保障、防衛分野の活動に参加するのはデリケートな作業だった。

急成長の弊害

一九九〇年代後半からの好景気は二〇〇〇年代に入っても持続していたが、急成長の弊害が各所で目につくようになった。一九九〇年代後半には経済の目覚ましい成長が続いたが、賃金が高騰し、インフレが進み、マクロ経済は過熱気味になった。二〇〇一年から二〇〇三年にかけて成長率は減速した。一九九〇年代後半には、製造業と輸出が経済を引っ張ったが、二〇〇〇年から二〇〇一年にかけてのITバブルの崩壊の影響を受けて、従来の主力セクターであったIT製造業が深刻な打撃を受けた。

この「踊り場」の時期を経て、二〇〇三年から二〇〇八年の間に隆盛を極めたのは、土地開発に関わる建設業と金融業であった。二〇〇一年にユーロ圏入りしたこと、欧州全体で金融自由化を進めたことから、資金調達を安価に行うことができるようになった。このため、与信の拡大につれて、土地への投機的投資が増えた。金融自由化の時代は競争激化の時代でもあった。金融機関はそれぞれの業績を競ったが、重要なベンチマークとなったのはどれほど与信規模を拡大したかであった。各金融機関は、競って個人向けの住宅ローン、企業向けの不動産開発ローンを拡大した。土地価格、住宅価格は上がり続け、実需からは到底正当化できないレベルに達した。バブル経済の様相を呈していた。

産業構成では、従来の主力セクターであったIT製造業に代わって、ソフトウェア、金融サービス、医薬品・医療機器が外国企業の対アイルランド投資の重要分野となった。二〇〇三年以降の外資系企業の進出としては、マスターカード、グーグル、ヤフー、アマゾンなどが挙げられる。一時期、アイルランドに多く進出した日系の製造業の多くは、このケルティック・タイガーの時期にアイルランドから撤退した。物価、賃金の高騰で急激な製造コスト増に対処できなくなったこと、EUに新規加盟した中東欧諸国がアイルランド同様の外資系企業の誘致策をとり、そちらに流れたことが背景とされる。

アハーン政権の終わり

好景気が継続したが、良いことばかりは続かなかった。政治とカネの問題が噴出してきた。一九九七年、ブルートン政権の際、スーパーマーケット業界大手の「ダンズ」を運営するダン・ファミリーの一人、ベン・ダンから何人かの政治家への資金提供が問題となり、ブライアン・マックラケン判事による調査委員会が設置された。そこで、ホーヒーが宣誓をしながら事実と異なる供述を行っていたことや、ホーヒーがケイマン諸島のアンスバッヒャー銀行に秘密の口座を持ち、それを通じて表に出せない資金オペレーションを行ってきたことが明らかになった。アハーンもこの問題を取り上げざるをえず、同年、ダン以外からのホーヒーへの資金源を調査するため、マイケル・モリアーティ判事による調査委員会が設置された。問題はすでに辞任したホーヒーだけに止まらなかった。モリアーティ調査委員会の作業では、ホーヒーがフィアナ・フォイルの党首を務めている際、アハーンがホーヒーのために小切手の副署（効力発生のため、第二の署名を行うこと）をしていたことが明らかになった。

同じく一九九七年には、アハーン内閣の外相レイ・バークがダブリン市の開発事業をめぐって土地開発業者から資金を受け取っていた疑いが浮上した。アハーン政権は野党の要求を受け入れ、調査委員会がファーガス・フラッド判事の下で設置された。この調査委員会は、アラン・マホン判事に引き継がれ、幅広い政治腐敗疑惑について取り上げることとなり、アハーンについての政治腐敗疑惑も調査の対象となった。

一九九七年、二〇〇二年、二〇〇七年と総選挙で三連勝したアハーンは政治的に強い立場にあった。二〇〇七年の総選挙の後は、緑の党、進歩民主党と三党連立政権を組んだが、フィアナ・フォイルは総議席一六六議席のうち、七八議席と圧倒的な存在感を誇った。アハーンは権力の絶頂にいたと言ってもよかったが、その裏側で凋落《ちょうらく》の危険がすぐそばまで忍び寄っていた。

総選挙後、マホン調査委員会がアハーンへの現金供与についての作業を再開し、アハーンは何度も証言に立つことを余儀なくされた。元秘書による現金供与を裏付ける証言などもあり、アハーンは追い詰められ、二〇〇八年五月に辞任した。経済成長の実現、北アイルランド紛争の終結で大きな足跡を残しながらも（後述）、不名誉な退陣となった。ホーヒー、アハーンの退場は「リベラル・モデル」の政治面での負の側面が出たものと見ることができる。

後任には、財務相を務めていたブライアン・カウエンが就いた。カウエンは、行きすぎた「リベラル・モデル」の負の遺産をアハーンから引き継いだが、バブル経済が危機的なレベルに近づいていた。

その後に起こったバブルの崩壊については次章で扱うこととして、次に、この時期における北アイルランドの動きを見ていきたい。

二　北アイルランド紛争の終結

ベルファスト合意への道

一九八〇年代後半、北アイルランド紛争の終結に向けての努力が進められた。

一九八五年に北アイルランドの地位についての「同意の原則」と英愛政府間会議の設立を規定した英愛協定が締結されたものの、和平への道筋はまだ見えていなかった。北アイルランドの対立する二つのコミュニティのうち、ユニオニスト（連合王国維持主義のプロテスタント系）は「アイルランドの関与」を認める英愛協定を拒絶していた。もう一方のナショナリスト（アイルランドとの統合を目指すカトリック系）の中では、穏健派は英愛協定を歓迎していたが、急進派は英国の支配を正当化するものとして拒絶していた。さらに、ユニオニスト、ナショナリストそれぞれの急進派の武装組織は武力闘争を継続していた。アイルランドでは、国民の過半数は英愛協定を評価していたが、ホーヒーのフィアナ・フォイルはこれを否定していた。ライバル政党のフィナ・ゲールが結んだものであることに加え、英国の北アイルランド支配を認知するものとの原則論からの拒否だった。しかし、一九八七年以降、状況に変化が生まれてきた。

ホーヒーは一九八七年に政権に復帰すると、北アイルランド問題においても方針転換し、現実路線で英愛協定を活用する姿勢に転じた。一九八八年、北アイルランドでは、ナショナリスト穏健派の社会民主労働党（ＳＤＬＰ）のジョン・ヒュームがナショナリスト急進派のシン・フェイン党のジェリー・アダムズと討議を開始した。テロなどの武力闘争からの脱却を求め、武力闘争の継続は北アイルランドの問題解決につながらないことを説得しようとしたものであった。

英国においては、一九八九年七月に、北アイルランド担当相に就任したピーター・ブルックが政治解決に向けての土台作りに取り組み始めた。一九九〇年一月、ブルックは、北アイルランド内の関係、南北アイルランド間の関係、英国とアイルランドとの関係という「三つの柱」に取り組んでいく必要がある旨を演説で述べた。この三つの柱はのちのベルファスト合意の基本的な構成要素となるものであった。同年一一月、ブルックは、英国政府は北アイルランドと連合を維持することにいかなる経済的および戦略的利益を持たず、北アイルランド住民の多数の合意があれば、南北アイルランドの統一を受け入れる旨述べた。これものちの和平プロセスのベースになる考え方であった。

政治協議

一九九二年二月にホーヒーの後を継いだレイノルズは、就任当初から、北アイルランドが優先課題と宣言し、その進展に取り組んだ。レイノルズは一九八八年から一九九一年までホーヒー政権で財務相を務めており、英国のジョン・メージャー首相とはかつての財務相同士として気心が知れていた。

英国では、一九九二年四月に北アイルランド担当相がパトリック・メイヒューに交代し、メイヒューのリードのもと、英国政府、アイルランド政府、北アイルランドの各政党による協議が一九九二年四月から開始された。シン・フェイン党はこの協議には加わらなかったものの、こうした交渉が開始されたことは、北アイルランド紛争を終結させるために不可欠なシン・フェイン党の交渉プロセスへの組み入れ、武力闘争の停止に向けて大きな刺激となった。

一九八〇年代後半からナショナリスト急進派の武装組織であるIRAとその政治部門であるシン・フェイン党の一部には、武力闘争の意味を再考する動きが生じていた。IRAと英国の治安当局との戦いは、軍事的には手詰まり状況となっていた。英国を北アイルランドから追い出すとの元来の目標に近づいているとはとても言えない状況であった。ハンガー・ストライキ以来の選挙での成功はその後、停滞していた。IRAとシン・フェイン党は「投票箱と機関銃」を共に進めていく方針を取っていたが、この二つの間の矛盾の問題もあった。

一九八七年一一月、北アイルランドのエニスキレンで開催されていた二度の世界大戦で亡くなった人々の追悼式典でIRAは爆弾テロを行い、市民一一人が死亡する惨事を引き起こした。この事件は、シン・フェイン党の選挙での支持に深刻な打撃を与えた。暴力から脱却して政治解決に向かっていくことが大きな流れとなっており、それに対応していかないと、居場所がなくなりかねなかった。

シン・フェイン党の中では、ジェリー・アダムズ、マーティン・マクギネスなどの指導層が武力闘争の見直しの動きを主導していたが、ＩＲＡの一般のメンバーの中では武力闘争を放棄することには抵抗感が強かった。ＩＲＡを停戦まで引っ張っていくのは容易ではなかった。

英愛共同宣言へ

レイノルズは、各党の利害が対立する政治解決よりも、和平の実現を優先する方針をとり、和平構築の原則を英国とアイルランドの間の共同宣言に取りまとめることを目指した。レイノルズとメージャーとのトップ会談で調整が進められた。レイノルズもメージャーも、イデオロギーにとらわれないプラグマティストであり、平和の実現のためにリスクをとる姿勢を持っていた。

一九九三年一二月一五日、メージャー首相とレイノルズ首相によって英愛共同宣言が発表された。これは、ダウニング街共同宣言とも呼ばれた。この共同宣言で最も重要な部分は、「民主主義に基づいて負託を得た政党でもっぱら平和的な手段を取ることにコミットしており、かつ、民主主義的なプロセスを遵守することを示してきているもの」は和平プロセスに参加できるという一節であった。これは、ナショナリスト、ユニオニストそれぞれの急進派の武装組織が停戦し、政治協議に参加するベースを作るものであった。

IRAは翌一九九四年八月に停戦を発表した。これを確認した上で、同年一〇月、ユニオニスト急進派の連合軍事司令部が停戦を発表した。

「枠組み文書」

一九九四年一二月にレイノルズ政権が倒れて、フィナ・ゲールのブルートン政権に代わったが、アイルランド政府は、引き続き英国のメージャー政権との間で北アイルランド和平に向けての討議を進めた。ブルートン政権発足後三カ月後の一九九五年二月に、英愛両国政府は、「枠組み文書」を取り交わした。前年の英愛共同宣言を受けて和平プロセスの成果のたたき台を示した文書であった。

その後、和平の実現に向けて、前進と後退が交錯する動きとなった。ビル・クリントン米大統領の委託を受けてジョージ・ミッチェル前上院議員が活発に調整に当たった。ミッチェル前上院議員は一九九六年一月に、和平協議に参加するには、民主的かつ平和的手段による政治問題の解決、武装組織の完全な武装解除など六項目への全面的かつ完全なコミットメントが必要であるとの「ミッチェル原則」を示した。多党間協議を開始するための地ならしであった。

ところがＩＲＡは、一九九六年二月、停戦を破棄するとともに、ロンドンのカナリー・ワーフで爆弾テロを実行した。二名が死亡し、数億ポンドに及ぶ財産被害が生じた。交渉に揺さぶりをかけて、自らにとって有利に運ぶためであった。ミッチェルを議長とする多党間協議が九六年六月に開始されたが、ＩＲＡが停戦を破棄しテロ活動を再開したことでシン・フェイン党は多党間協議から除かれることとなった。

和平プロセスは頓挫しかけたが、英国とアイルランドのそれぞれの政治変化によって新たな推進力が生まれることとなった。

ベルファスト合意

一九九七年五月、英国の総選挙で労働党が大勝し、トニー・ブレアが首相に就任した。ブレアは北アイルランド和平に並々ならぬ熱意を持って取り組んだ。ブレアは、就任の二週間後、ベルファストで演説し、ＩＲＡに対して、「解決の列車は間もなく発車する。私はあなた方にこの列車に乗ってもらいたいと思うが、列車はいずれにせよ発車するのであなた方を待つことはない」と暴力を停止するように呼びかけた。

六月、アイルランドではフィアナ・フォイルのアハーンが首相になった。前のブルートン政権がＩＲＡに対して厳しい立場を取っていただけに、シン・フェイン党にとってより意思疎通のしやすい政権の誕生であった。英愛両政府はＩＲＡの再停戦を条件にシン・フェイン党の多党間協議への参加を認める提案を行い、IRAは七月に再度停戦を宣言した。九月にシン・フェイン党がミッチェル原則に署名し、多党間協議に参加したが、ユニオニスト急進派の民主ユニオニスト党（DUP）はこれを問題視して多党間協議から離脱した。

それでも多党間協議は一九九七年一〇月から開始され、紆余曲折《うよきょくせつ》を経ながら、一九九八年四月一〇日、ベルファスト合意が成立した。北アイルランド紛争を研究対象としてきた政治学者のポール・アーサーは、一九六九年から二〇〇〇年代に至るまでの北アイルランド紛争の歴史全体を「分析」、「交渉」、「実施」の三段階のプロセスとして捉えたが、ベルファスト合意が「交渉」の到達点であった。

ベルファスト合意の内容

このベルファスト合意は二つの文書からなっている。一つ目の文書は多党間協議の成果であり、北アイルランドの議会・行政府に関わる事項、北アイルランドとアイルランドの関係（南北関係）に関わる事項、英愛両国並びにブリテン諸島内諸地域の関係（東西関係）に関わる事項の三つの柱とともに和平の実現に関わる関連事項を規定している。これは、英愛両国政府とこの協議に参加した北アイルランドの各政党とが合意した文書である。

第一の柱である北アイルランドの議会・行政府については、一〇八名の議員による一院制の北アイルランド議会が設けられることとなった。選挙制度は、多様な声を反映しやすい単記移譲型比例代表制（有権者は優先順位を付して複数の候補者に投票、当選確定者の余分な票と落選者の票が次の順位の候補者に移譲され、集計を重ねて当選者を確定する仕組み。アイルランドの下院選挙で採用されている方式）が採られた。各政党は、あらかじめ「ユニオニスト」「ナショナリスト」「その他」のいずれかのグループに登録し、重要な立法については、全体の過半数だけでなく、「ユニオニスト」と「ナショナリスト」のいずれでも過半数を獲得しないと、成立しない仕組みとなった。

行政府についても、権力共有の仕組みが設けられた。首席大臣と副首席大臣とはセットで、前記の「ユニオニスト」と「ナショナリスト」のいずれでも過半数を必要とするやり方で選出されることとなり、首席大臣と副首席大臣は対等な立場で共同して内閣を統括することとなった。その意味するところは、選挙結果に応じ、「ユニオニスト」の最大党と「ナショナリスト」の最大党とでこの二つのポストを分け合うということであった。他の閣僚ポストは、北アイルランド議会の議席数に応じて、各政党に配分されることとなった。

第二の柱の南北関係については、南北閣僚評議会が設置されることとなった。第三の柱の東西関係については、英愛評議会と英愛政府間会議の二つの機構が設けられた。前者は、英国、アイルランド、北アイルランド、スコットランド、ウェールズ、マン島、チャンネル諸島のそれぞれの代表が出席するもので、後者は、英愛両国政府の代表からなり、両国の協力について討議するものである。

これらの三つの柱の他に、武装解除、治安、警察・司法、受刑者などの各項目についての規定が設けられた。武装解除については、国際的独立委員会が武装解除の進展を監視し、レビューし、検証することが規定された。警察・司法の項目では、独立の委員会を設けて、北アイルランドの将来の警察制度についての勧告を得ることとなった。従来のロイヤル・アルスター警察は、カトリック系住民とプロテスタント系住民とで不公平な扱いをしていたとの批判があったので、これを改革することが求められた。受刑者の項目では、英愛両国政府が受刑者の釈放を加速するように取り組むことが規定された。

二つ目の文書は、英愛両国の国際約束であり、両国政府のコミットメントが示されている。北アイルランドの憲政上の地位を決めるのは、北アイルランドの住民の意思によることを確認し、現在の北アイルランドの過半数の住民の希望は英国への残留であるとの認識を示した上で、将来、アイルランド島の住民がアイルランド統一の意思を自決権の行使として示す場合、その実現のため議会手続きにかけることが両国政府の義務であると規定した。アイルランド島の住民であるので、北アイルランドとアイルランドの双方の住民の意思を尊重する趣旨だった。

両文書を通じて、英国は一九二〇年のアイルランド統治法を廃止するとともに、英国の北アイルランド担当相が「北アイルランドの過半数の住民が統一アイルランドを望んでいる」と判断した場合には住民投票の実施を指示することを確認した。またアイルランドは、北アイルランドに主権が及ぶことを規定した憲法第二条、第三条を修正すべく手続きをとることを確認した。

曖昧で同床異夢の部分もあり、それが実施の段階で関係者を悩ませることにもなるが、約三〇年にわたって三五〇〇名余の人命を奪ってきた紛争の解決に向けて各関係者が両文書に合意した意味は極めて大きかった。

これは、北アイルランドのユニオニストも、ナショナリストも、英国政府も、アイルランド政府も現実的な解決を得るために、それぞれの元来の立場を修正して合意に至ったものであった。アイルランドについて言えば、フィアナ・フォイルが、現実主義路線に変わったことが特筆される。振り返れば、フィアナ・フォイルは、対英独立戦争の際に、現実主義よりも理想主義をとり、英愛条約に反対した条約反対派による党であり、「共和国」「主権」とともに、「三二県」にこだわってきた。デ＝ヴァレラは、英国のアイルランド支配を認めず、北アイルランドの正当性を認めない立場で、それが「デ＝ヴァレラ・モデル」の一つの要素であった。ところが、そのフィアナ・フォイルも第三次ホーヒー政権、レイノルズ政権、アハーン政権となるにつれてイデオロギーや理念にとらわれない現実主義路線に転じ、それがベルファスト合意に至った。

また、ユニオニスト、ナショナリストの双方のコミュニティの穏健派、すなわち前者においてはアルスター・ユニオニスト党（ＵＵＰ）、後者においてはＳＤＬＰがそれぞれのコミュニティの中の反対論を抑えつつ、何とか合意を成立させようと努力してきた姿勢も不可欠の要因であった。その貢献が評価され、UUPのデヴィッド・トリンブル党首、SDLPのヒューム党首は一九九八年度のノーベル平和賞を受賞した。

さらに、米国の後押しも重要な要素であった。米国には、多くのアイルランド系住民の存在もあり、強力なアイルランド系ロビーグループが存在していた。クリントン大統領は、親英的な国務省の姿勢とは一線を画す形で北アイルランド問題に取り組んだ。クリントンは、シン・フェイン党のジェリー・アダムズへの米国への査証発給（一九九四年）、ミッチェル前上院議員のアイルランド経済問題担当特使への任命（一九九五年。同氏はその後、武装解除についての国際委員会の議長、多党間協議の議長を務めた）、自身の北アイルランド訪問（一九九五年）などで、北アイルランド紛争の解決に強いコミットメントを示しつつ和平の実現に向けて働きかけた。

このベルファスト合意の内容は、アイルランドの国民投票、北アイルランドの住民投票にかけられた。アイルランドでは、賛成九四・四%、反対五・六%という圧倒的多数で可決され、北アイルランドでは、賛成七一・一%、反対二八・九%で可決された。これにより、アイルランドは紛争の平和的解決のモデルを世界に示すことができる立場となった。

武装解除と権力共有政府の実現

ベルファスト合意は、和平プロセスの画期をなす成果であったが、これで全てが解決したわけではなかった。これを実際に実施していくこと自体が難事であった。「ベルファスト合意は紛争の終了を意味すると考えた者は間違うこととなった」（トーマス・バートレット）。

一九九八年六月、ベルファスト合意に基づき、新たな北アイルランド議会を設置するための選挙が行われた。結果は、プロテスタント系のユニオニスト側では穏健派のUUPが二八議席、急進派のDUPが二〇議席となった。カトリック系のナショナリスト側では穏健派のSDLPが二四議席、急進派のシン・フェイン党が一八議席となった。宗派横断のアライアンス党は六議席を得た。ユニオニスト側ではUUP、ナショナリスト側ではSDLPという穏健派がそれぞれの中で第一党の座を占めたのはベルファスト合意の実施の上ではプラスの材料であったが、それでも行政府を設置するのは容易なことではなかった。

ユニオニストは、ベルファスト合意はナショナリストに有利な仕組みと見る向きが多く、北アイルランド特有の宗派間でのゼロ・サム的思考（一方が得をすれば、他方が損をするとの思考）からすると、それはユニオニストにとって不利ということに他ならなかった。そうした見方は、武装解除の遅れ、警察改革の進展によって次第に強くなっていった。

武装解除をどう進めるかは、ベルファスト合意後、長きにわたって関係者を悩ませ続けた。ユニオニストからすると、これまで自分たちを標的としてテロ活動を行ってきたIRAの表の顔であるシン・フェイン党とともに政府を構成することには大きな抵抗感があり、それをやっとの思いで呑み込んだが、IRAが武器を放棄することがその前提条件であるべきであった。UUPはベルファスト合意成立後、引き続き、IRAの武装解除を求め、それが実現しない限り、行政府の構築を拒む姿勢をとった。一方、IRAの中には反対勢力があり、武装解除は容易に進展しなかった。英愛両国のあっせんも功を奏さず、ベルファスト合意の立役者である米国のミッチェル元上院議員の周旋を依頼した。

ミッチェルは一九九九年一〇月に、IRAによる武装解除委員会への代表指名、北アイルランド自治政府の設立、英国政府から自治政府への権限移譲を同日に行う案を考案し、それに基づき、同年一二月一日にようやく自治政府の成立と権限移譲にこぎつけた。

ただし、IRAが武装解除委員会への代表を指名したといっても、直ちに武装解除が進んだわけではなく、やっと成立した自治政府も、その後、停止と再開を何度も繰り返した。武装解除は、二〇〇一年から二〇〇三年まで段階的に進められ、IRAの武装闘争終結宣言を経て、武装解除の完了が国際委員会によって報告されたのは二〇〇五年九月のこととなった。

しかし、主要武装組織の武装解除が進んでも、テロは根絶されなかった。IRAの主要メンバーは、武器を手放したが、それに賛同しない一部のグループは「真のIRA」などを名乗り、テロ活動を継続した。

それでも、北アイルランドの全体の趨勢はテロと暴力から、政治と言論にシフトしていた。そうなると、ユニオニストとナショナリストの双方で、相手との融和を主張する党よりも、自らのコミュニティが求める声をより強く主張する党に多くの支持が集まるようになった。具体的に言えば、ユニオニストではDUP、ナショナリストにおいてはシン・フェイン党と、それぞれの急進派への支持が拡大した。

ベルファスト合意に至る和平プロセスを引っ張ってきたのは、ユニオニスト側ではUUP、ナショナリスト側ではSDLPというそれぞれの穏健派であったが、これらの穏健派は自らのコミュニティ内では弱腰と見られ、自らが主導した和平プロセスの成功の犠牲となった。

そうした傾向がはっきりとした形で現れたのが、二〇〇三年一一月の北アイルランド議会選挙であった。この選挙では、DUP三〇議席、UUP二七議席、シン・フェイン党二四議席、SDLP一八議席、アライアンス党六議席という結果となり、ユニオニストではDUP、ナショナリストではシン・フェイン党と、いずれのコミュニティにおいてもそれぞれの急進派が第一党の座を占める形となった。

ベルファスト合意の権力共有政府の仕組みでは、ユニオニストの第一党とナショナリストの第一党が協力して自治政府を運営する責任を負うことになっている。DUPとシン・フェイン党は、不倶戴天の敵とも言える関係であった。DUPは、ベルファスト合意に向けてのプロセスにおいて、シン・フェイン党が多党間協議に参加することを問題視し、同協議への参加をボイコットしていた。また、ベルファスト合意後も、ナショナリストと妥協を図りつつ自治政府の運営を行ってきたＵＵＰに対して、ユニオニズムに対する裏切りとして厳しい批判の声を投げかけてきた。ＤＵＰとシン・フェイン党との間で権力共有政府が成立するかが不安視された。

ところが、ここでＤＵＰが方針の大転換を行った。ＤＵＰはベルファスト合意の修正を図ることでシン・フェイン党との間で権力共有政府を成立させる方向に動いた。

英国政府、アイルランド政府、北アイルランドの諸政党の調整には、三年以上の年月を要したが、二〇〇六年一〇月にセント・アンドリューズ合意で、首席大臣・副首席大臣の選出方法、自治政府の意思決定方法、大臣の権限などの点でベルファスト合意を修正し、二〇〇七年三月の北アイルランド議会選挙を経て、同年五月に、ＤＵＰのイアン・ペイズリーを首席大臣、シン・フェイン党のマーティン・マクギネスを副首席大臣とする自治政府が成立した。仇敵と言っても良い二人であったが、意外にも良い関係を築き、二人が冗談を言って笑い合う様子から「くすくす笑い兄弟」と呼ばれた。しかし、両党の溝は人間関係だけで乗り越えられるものではないことが次の段階で明らかとなってくる。それは、次章で扱うこととして、次にこの時期の社会的価値に関する分野の動向を見ていきたい。

三　女性大統領と社会の変化

メアリー・ロビンソンの大統領選出

この章の一九八七年から二〇〇八年までの二〇年余には、これまで見てきたように、経済、北アイルランドの二つの分野で、かつての「デ＝ヴァレラ・モデル」が大きく修正された。社会的価値においても、これら二つの分野に比べてより緩慢なものではあるが、徐々に変化が見られた。

メアリー・ロビンソン
（1944〜、写真：AFP＝時事）

フィアナ・フォイルと進歩民主党とが連立した第四次ホーヒー政権の二年目の一九九〇年に、変化を象徴することが起こった。女性大統領であるメアリー・ロビンソンの誕生である。アイルランドにおいて大統領に政治の実権はないものの、「国家の他の全ての者の上にある」国家元首とされる。一九三八年の憲法の成立以来、歴代、フィアナ・フォイルのベテラン政治家が就くケースが多かった。

一九七三年には選挙で選出されたが、一九七四年、一九七六年と無選挙で選ばれ、二〇年近く大統領選挙は行われていなかった。

そうした中、労働党の党首ディック・スプリングは大統領ポストを選挙で争うことを目指した。候補となったのがメアリー・ロビンソンであった。ロビンソンは、両親とも医者で、ダブリン大学トリニティ・カレッジの法学部教授を務め、社会的価値に関わる問題、例えば憲法における離婚の禁止の規定の廃止、避妊の合法化、同性愛の非犯罪化、女性が陪審員となる権利などで、リベラルな立場を先頭に立って主張してきた。

ロビンソンは、労働党の支援を受けつつも無所属で立候補する意向を固め、一九九〇年夏に選挙活動を開始した。ロビンソンの立候補は、党、階級、信条を超えて、アイルランドの女性の支持を集めた。一方のフィアナ・フォイルは、レマス政権以来、歴代のフィアナ・フォイル政権で閣僚ポストを歴任してきたベテラン政治家のブライアン・レナハンを擁立した。

一九九〇年一一月に行われた大統領選挙はロビンソンとレナハンとの間で接戦となったが、ロビンソンは、フィナ・ゲール票をも吸収し、勝利を収めた。これは社会的リベラル派の勝利であるとともに、「アイルランドの公共生活への女性の進出を明確に示す点で衝撃的」（トーマス・バートレット）なものであった。

ロビンソンは大統領に就任すると、儀礼的な役割に徹していた歴代の大統領と異なり、社会的正義や多様性の尊重の重要性を語ることをためらわなかった。彼女は「アイルランドにおける大統領のあり方を極限まで広げた」（ディアマド・フェリッター）と評された。

女性の進出でいえば、一九九三年には、メアリー・ハーネイがデズモンド・オマリーの後を継いで進歩民主党の党首となった。これは、議会に代表を送る政党として初めての女性党首であった。ハーネイは、一九九七年から二〇〇六年までアハーン首相のもとで副首相を務めたが、これも女性として初めてのことであった。

ハーネイは、二〇〇〇年に米国法律家協会で副首相として講演を行った際、「地理と歴史はアイルランドを米国と欧州との間で特別の位置に置いた。地理的に見れば、われわれはボストンよりベルリンの方に近い。しかし、精神面ではわれわれはおそらくベルリンよりずっとボストンの方に近いのではないか」と述べた。「ボストンに近い」というハーネイの評価は経済活動について言えることで、社会的価値についてはこの時点で妥当したか疑問を持たざるをえないが、ハーネイが提起した「ボストン（米国）かベルリン（欧州）か」は、アイルランドのあり方を考える際、論者によって繰り返し引用される対比となった。

妊娠中絶についての三つの憲法改正

一九九二年に政権の座に就いたレイノルズは、社会的価値に関するさまざまな問題に直面することとなった。まず、進歩民主党と連立を組んだ第一次政権において、社会的価値に関する問題の中でも最も論議がある妊娠中絶の問題が浮上した。発端はX事件と呼ばれる事件であった。

X事件は、一九九一年から一九九二年にかけて起きた。強姦《ごうかん》され、妊娠した一四歳の少女Xが自殺まで思いつめるも、アイルランドでは妊娠中絶ができないので、両親が中絶のために英国に連れて行こうとしたところ、法務長官のハリー・ウィレハンがこの出国に差し止め請求を行ったことが発端となった。この出国差し止めは高等法院で認められたものの、最高裁に控訴され、最高裁は九二年三月に出国差し止めを否定する判決を出した。最高裁の判断では、母の生命に対する現実的かつ実質的な危険がある場合に、憲法は妊娠中絶を認めており、その危険には自殺の危険も含まれ、この事例においては自殺の危険があると認めたものであった。Xはその後流産した。

一九八三年の中絶禁止の憲法改正（第八次改正）の条文は、胎児の生命権と母の生命権を等しく認めていたが、かねてから母の生命が危機にさらされる場合や、中絶が認められる場合がありうると指摘されていた。X事件の判決は、憲法の条文の解釈として中絶が認められる場合もありうると判示したものであった。

この判決を受けて、政府は法制度をどのように構築するかが問われた。一九九二年、レイノルズ政権は、中絶に関する三件の憲法改正国民投票を問うことにした。各方面からの圧力が加わったが、レイノルズは自身のカトリックとしての価値観と、フィアナ・フォイルの全体の意見から、プロ・ライフ（生命を尊重する立場から中絶に反対）寄りの立ち位置をとった。

三件の憲法改正は、次の内容であった。

第一に、中絶が認められる範囲を特定するための改正であり、胎児の生命を中絶することは、その母の生命を守るために必要がある場合であって、母の生命に対する現実的かつ実質的に危険な疾病または不調がある時を除き違法とする、これには自殺の危険性がある場合は含まれないとの規定の追加であった（第一二次改正）。これは、X事件判決が示した自殺の危険がある際にも中絶が認められるという司法判断よりも制限的な内容であった。第二に、渡航の権利で、中絶のために外国渡航する自由を憲法で明記するもの（第一三次改正）。第三に、情報の権利で、中絶について情報入手の自由を憲法に明記するもの（第一四次改正）であった。

これら三件の憲法改正を諮る国民投票は一九九二年一一月に行われ、中絶が認められる範囲についての第一二次改正は、リベラル派からは制約的すぎると批判を受け、保守派からは逆の批判を受けて賛成三五％、反対六五％の大差で否決された。一方、渡航の権利（第一三次改正）と情報の権利（第一四次改正）については可決された。

これらはレイノルズが望んだ結果であったとも評された。第一二次改正がX事件判決よりも中絶が認められる範囲を限定し、しかもそれが否決されたことは、アイルランド社会はまだ中絶についての意見の相違が大きく、プロ・チョイス（産むか産まないかの選択を重視する立場から中絶の権利を擁護）の方向に舵を切る用意ができていないことを示していた。

同性愛は犯罪か

次に、労働党と連立を組んだ第二次レイノルズ政権では、同性愛の扱いが問題となった。同性愛を法制上どのように取り扱うかについては、長い議論の歴史があった。英国の一八六一年の対人犯罪法と一八八五年の刑法改正法は、男性間の同性愛を違法としており、アイルランドは独立後も、これらの法律をそのまま適用していた。一九七七年、ダブリン大学トリニティ・カレッジの講師を務めていたデヴィッド・ノリスが、これらの法律がアイルランド憲法に反すると提訴し、最高裁まで持ち込まれたが、最高裁は一九八三年にこの提訴を退けた。アイルランドが国家としてキリスト教の性格を持つこと、同性愛の行為を意図的に行うことは道徳上間違っていること、同性愛を犯罪とすることは公共の健康と結婚制度の維持に資することが理由として挙げられた。

ノリスは、この最高裁の判決を不満として、欧州人権裁判所に提訴をした。欧州人権裁判所は、一九八八年にこれらの法律が欧州人権条約第八条（私生活と家族生活の尊重）に反すると判示した。これを受けて、アイルランドでは同性愛の非犯罪化が課題となった。

労働党は、九三年一月にレイノルズ率いるフィアナ・フォイルと連立を組むに際し、同性愛の非犯罪化を進めることを政策合意の一項目に組み入れることを求め、フィアナ・フォイルもこれを受け入れた。この政策合意に沿って、同年、種々の性犯罪についての法改正が行われる際、その一環として、同性愛の非犯罪化が実現した。議会で成立した法改正に大統領として署名したのは、ノリスの法廷闘争を支援してきたメアリー・ロビンソンであった。社会的リベラル派の労働党が連立の仕組みを生かして、社会的保守派のフィアナ・フォイルの単独政権であれば行われなかったであろう制度改正を実現した形となった。

離婚は是か非か

第二次レイノルズ政権が社会的保守派と社会的リベラル派の寄り合い所帯であったのに対し、そのあとのフィナ・ゲール、労働党、民主左派党の三党連立によるブルートン政権はより社会的リベラル派に近い政権であった。

一九九五年、ブルートン政権は離婚の合法化を取り上げた。これは、連立政権を組む際の政策合意の一つで、フィッツジェラルド政権が一九八六年に試みて果たせなかった憲法改正の再チャレンジであった。

状況の変化も生まれていた。一九八九年には、裁判による別居が認められる六つの事例が法律によって規定された。一九九五年時点で、アイルランドは、ヨーロッパ諸国の中で離婚が合法化されていない唯一の国となっていた。ブルートン政権は一九九五年一一月に離婚合法化の憲法改正を国民投票にかけた。

一九八六年と同様に、国民投票が近づくにつれて反対キャンペーンが強力に展開された。

反対キャンペーンはカトリック教会の強力な後押しを受け、反対キャンペーンのスローガン「離婚、こんにちは。お父さん、さようなら」のアピール効果は大きかった。二度目の否決も予想された。

ブルートン自身も敬虔なカトリック信者で、フィナ・ゲールの中でも社会的価値に関わる問題では保守派の一人であった。それでも、ブルートンは離婚合法化に向けてキャンペーンを進めた。再度の否決は、アイルランド社会におけるカトリック支配、保守性を示すもので、北アイルランドとの関係でも好ましくないものであった。

ブルートンは「われわれが世界に示したいアイルランドは、強い信念はあるが、それを法律で縛る必要はなく、異なった考えを持った人たちをも歓迎し、気持ち良く受け入れる場所なのだろうか。それとも、恐れを抱いて特定の信念を刑事法と民事法とで強制するようなアイルランドなのだろうか」と熱を込めて訴えた。

こうしたブルートンの訴えは、態度を決めかねていた有権者を動かしたと評された。結果は、賛成五〇・三%、反対四九・七%、九一一四票の僅差で可決された。離婚、中絶、同性婚という議論の多い社会的価値に関わる問題について、リベラル化の方向で憲法改正がなされたのは初めてのことであった。

カトリック教会のスキャンダル

一九九〇年代は、社会的保守派の牙城であったカトリック教会が数々のスキャンダルで信頼性を失墜した時期でもあった。カトリック聖職者による性的スキャンダルが次々に明るみに出た。前記のX事件が起こった一九九二年には、ゴールウェイ司教区のエイモン・ケーシー司教が二〇年前に愛人を持ち、私生児を産ませていたことが明らかになった。一九九四年には、ブレンダン・スミスという司祭が長年の間、教区の児童に対する性的虐待、暴行、わいせつ行為を行っていた事件が大きく報じられた。カトリック教会上層部が長らくスミスの問題を知りつつも、これに対処しようとしなかったことも明るみに出た。

婚外子を妊娠した女性を「罪を犯した女性」として「マグダレン洗濯所」と呼ばれる施設に収容し、過酷な労働、肉体的・精神的虐待を加えていたことも、社会問題となった。マグダレン洗濯所は、カトリックの修道院組織などが運営し、全アイルランドで一〇カ所に設けられており、アイルランド独立以来、一万人もの女性が収容された。カトリック教会などが運営し、孤児や捨てられた子供らを収容してきた工業学校で、肉体的・精神的虐待、性的虐待が加えられていた問題も浮上した。

こうした事件は、カトリック教会への失望、怒りを呼び、カトリックの教義の影響力を掘り崩すことにつながった。

一進一退

ブルートンの「レインボー連立」政権を引き継いだフィアナ・フォイルのアハーン政権時代は、社会的価値に関する問題は一進一退であった。

メアリー・ロビンソンが国連人権高等弁務官に就任することとなり、その後任を選ぶ一九九七年大統領選挙では、ロビンソンと同様に、社会的価値でリベラルな立場を主張してきた法学者のメアリー・マッカリースが二人目の女性として選出された。これは、ロビンソンの当選に続く社会的リベラル派の勝利と言えた。

一方、社会的価値に関する問題での最大の論点の妊娠中絶については、引き続き問題が残っていた。X事件判決は、憲法上、中絶が認められる場合があることを示したが、このための法整備はなされず、中絶が認められる範囲が法制上明確になっていない状況が続いていた。

二〇〇二年、アハーン政権は、中絶が認められる範囲を生命の危険がある場合のみに限り、自殺のおそれがある場合は含めないという、X事件判決の内容よりも制限的な内容の憲法改正を再度試みたが、国民投票で賛成四九・六%、反対五〇・四%という僅差で否決された。この憲法改正案は、カトリック教会からは支持されたが、フィナ・ゲール、労働党など野党からは反対された。リベラル層の多い都市部では反対が強く、中絶についての憲法改正として制限的すぎると見られたのが否決に至った理由であった。

カトリックの教義の影響力は以前に比して衰えていたが、社会的保守派と社会的リベラル派の力関係は引き続き拮抗していた。

この章で見た一九八七年から二〇〇八年までの時期は、経済面では、マクロ経済の安定を経て、「ケルティック・タイガー」の好況を謳歌し、「リベラル・モデル」の頂点に近づいた。社会的価値では、社会的保守派の勢力が引き続き強いものの、リベラル化の動きもはっきりと見て取れるようになった。北アイルランドでは、紆余曲折を経た上でベルファスト合意にこぎつけたが、その解決策は「デ＝ヴァレラ・モデル」から大きく離れた現実主義路線となった。政治面では三年間を除いてフィアナ・フォイルが政権に就いたが、価値観の多様化を反映し、かつての基本方針とは異なり、他党と連立政権を組むことが常態となった。

Column ⑤　音楽とアイリッシュ・ダンス

アイルランドから音楽を除いたら、そこには全く様相が異なる社会が残るだろう。そう思わせるほど、音楽はアイルランドの生活に根付いている。

首都ダブリンの中心街、市を東西に通るリフィ川の南側にあるのがグラフトン・ストリートだ。長さ五〇〇メートル、幅一二メートルの歩行者天国の通りで、多くのミュージシャンの路上演奏（ストリート・バスキング）が盛んに行われる。世界中の多くの場所で行われているバスキングだが、グラフトン・ストリートはそれが街に溶け込んでいるところだ。週末ともなると、五〇メートルに一人くらいの演奏者（バスカー）がいる。ポップスのスタンダード・ナンバーからオリジナルの楽曲まで、それぞれ思いのこもった演奏をする。評判がよいと人だかりになる。

演奏を希望する人が多いので、ダブリン市がストリート・バスキングをルール化した。希望者は登録をする必要がある。在住者のための年間登録と旅行者のための一時登録があり、一ヵ所での一回の演奏は一時間と決まっている。

多くの著名なミュージシャンがここから世界に巣立っていった。例えば、ロックバンドU2のボーカル、ボノ。フォーク・シンガーのダミアン・ライス。クリスマス・イブには、グラフトン・ストリートでチャリティーのためのバスキングのイベントが行われるが、ボノはその常連である。

アイルランドには、一八世紀まで吟遊詩人の伝統があった。旅をしつつ、伝統的な旋律や自作の曲に、注文を受けたテーマやその時々のテーマの歌詞を乗せて歌う語り部のような存在であった。現代のバスカーたちには、その伝統が引き継がれていると言われる。

そして、アイリッシュ・パブに行けば、アイルランドの伝統音楽がある。フィドル（伝統音楽で用いるバイオリンのこと）、イリアン・パイプス（アイルランド版のバグパイプ）、アコーディオン、コンサーティーナ（六角形の小型アコーディオン）、ティンホイッスル（縦笛）、フルート、バゥロン（太鼓）、ハープ、バンジョー、マンドリン、ギター。そうした楽器で演奏されるテンポの速い、ノリの良い音楽だ。パブに行ったことがなくても、映画

『タイタニック』を見たことのある人は、その伝統音楽を聴いているはずだ。主人公の貧しい青年ジャックがタイタニック号の船内で貴族令嬢のローズを「本当のパーティに行ってみないか」と誘って連れて行った三等船室で演奏されていたそれがアイルランドの伝統音楽だ。

アイルランドで音楽と切っても切り離せないのがダンスである。「ダンスの中に音楽が、音楽の中にダンスがある」と言われる。『タイタニック』のアイルランド伝統音楽が演奏されるシーンでは三等船室の乗客たちがダンスに興じる。ジグ、ポルカ、リール。ジャックとローズもその踊りの輪に入っていく。

歌は世につれ、世は歌につれというが、ダンスと世相にも似たような関係がある。いくつかの局面を見てみよう。

一つは、ゲール語連盟によるアイリッシュ・ダンスの振興である。一九世紀末にゲール語連盟が結成され、「独自の文化を有するアイルランド国民の再生」を目指した。ゲール語連盟の活動の主眼はアイルランド語の保存と普及であったが、アイルランド固有の文化としてダンスにも着目した。英国の文化を排除してアイルランド独自の文化を発展させることを目指して、アイルランドの伝統的なダンスの掘り起こしが行われた。ゲール語連盟は、グループ・ダンスとして「ケーリー・ダンス」と名付けたものを推奨した。そして、ソロ・ダンスとしては、それまで踊られていた足先で器用に踊るダンスにジャンプやキックなどの動作を加えて、ダンスの決まりを作っていった。これが競技会で踊られる「ステップ・ダンス」といわれるものだ。

一九二〇年頃から、ゲール語連盟は、アイリッシュ・ダンスを教えるダンス・スクールや競技会を組織した。アイルランドのナショナル・アイデンティティを構築するために、「アイルランド文化」と「外国文化」とを区別し、「外国の影響を受けている」と見なされたダンスは、ゲール語連盟では禁止されるということも起こった。このようにして二〇世紀初頭に統制されたステップ・ダンスは今でも子供達の習い事として盛んで、年齢別・地域別に競技会が開催され、高いレベルを目指して競われていく形となっている。このようにナショナル・アイデンティティを求める動きがダンスに影響を与えた。

そして、アイリッシュ・ダンスの人気に影響を与えたもう一つの要素が、「リヴァーダンス」の成功である。ヨーロッパ最大規模の音楽コンテストであるユーロヴィジョン・ソング・コンテストでは、前年の優勝国が開催し、幕間の出し物を用意する。一九九四年、前年の優勝国として、アイルランドが用意したのが「リヴァーダンス」だった。神秘的な調べから始まり、男女それぞれのソロ・ダンスに入る。生き物のように自在で軽やかな足の動き、シューズのかかとやつま先を床に強く打ちつけてリズミカルで迫力のある音を出すバタリング、やがてバックダンサーが入って全員がステップを合わせて踊るフィナーレ。わずか七分間のプログラムであったが、大評判をとった。この成功から「リヴァーダンスザ・ショー」という二時間のプログラムで世界ツアーを行う興行にまで発展した。

このリヴァーダンスはステップ・ダンスの派生型とも言える。これがアイルランドの伝統文化であるかについては、人によって評価はさまざまであろう。一方、グローバリゼーションの時代にあってリヴァーダンスがアイルランドを世界にアピールする素材のひとつとなっていることは間違いない。

第五章　危機と再生

二〇〇八～二〇二二年

一　金融危機と経済回復

バブルの崩壊

世界経済は、二〇〇七年に米国でサブプライム・ローン（信用度が劣る低所得層を対象とする住宅ローン）の問題が表面化し、その後、米国の投資銀行ベア・スターンズの取り付け騒ぎなどで不安感が募っていたが、アイルランド経済に決定的な影響を及ぼしたのは二〇〇八年九月一五日のリーマン・ブラザーズの破綻であった。

これを契機として世界全体の金融システムが収縮し、安価な資金調達に依拠しつつ互いに競い合って不動産投資を膨張させてきたアイルランドの金融機関をも直撃した。バブルの崩壊だった。

アイルランドの金融機関大手というと、アングロ・アイリッシュ銀行、アライド・アイリッシュ銀行、アイルランド銀行の三行が代表的な銀行であったが、いずれもが瀬戸際に立たされた。

ロンドンのシティではアイルランドの銀行の破綻の噂が駆けめぐった。アングロ・アイリッシュ銀行の株が売られて株価が半額となり、リーマン・ショックから二週間後の九月二九日には、信用不安から取り付けが起こる恐れが懸念された。

二九日の夜、ブライアン・カウエン首相、ブライアン・レナハン財務相（一九九〇年に大統領選挙に出馬したレナハンの息子）らが首相府に集まり、対応を協議した。主要銀行の会長、社長も急遽首相府に呼び集められた。

夜を徹しての協議の結果、前記の主要三行を初めとする六つの銀行の預金、貸し付け、債務をアイルランド政府が保証する措置が翌三〇日に発表された。対象金額は総額四〇〇〇億ユーロで、国家のGNPの二倍というとてつもない規模であった。これは預金保険によって保証される範囲を拡大し、銀行が市場で調達する債務にも保証を適用する前例のない措置であった。

一二月には、主要三行に対して総額五五億ユーロの公的資金が注入された。翌二〇〇九年以降も資産査定によって資金ギャップの拡大が判明するにつれて、公的資金の注入が続けられた。

アングロ・アイリッシュ銀行は二〇〇九年一月、国有化されることとなった。同銀行の資産状況に加えて、同銀行会長のショーン・フィッツパトリックが個人投資の赤字の穴埋めのため、銀行から一億ユーロを借りて、それを監査対象とならないように操作していた問題も明るみに出て、信頼を取り戻すことは困難と判断されたものであった。

二〇〇九年四月、銀行から不良債権を買い取る機関を創設することが提言され、「国家資産管理機構」（NAMA）として設置することとなった。NAMAは一一月に機構設置の法案が成立、一二月から運用を開始した。

NAMAは結果として、額面で七四二億ユーロの不良債権を三一八億ユーロで買い取ることとなった。NAMA設立時には、不良債権の買い取り価格が額面からどの程度目減りするか、その割引率を三〇％と想定していたが、実際には、多くの債権が予想よりも傷んでおり、処理途中でさらに不動産価格が下落したこともあり、結果として割引率は五七％に達した。

国家財政への負担

アイルランド政府が銀行の不良債権を肩代わりした結果、国家財政が破綻の危機に直面することとなった。

銀行危機時の財政状況を振り返ると、財政収支の対GDP比率が二〇〇七年には〇・一％の黒字であったものが、二〇〇八年には七・三％の赤字となり、二〇〇九年には一四・三％

の赤字と、急速に悪化した。二〇一〇年には三二%と非常に高い数字になることが予想された（ただし、このうち二〇%分は、国有化された二行に対する増資の分）。

EUを設立したマーストリヒト条約は、ユーロ圏への参加条件として、財政赤字がGDP比で三%を超えないことを一つの基準として定めており、これがEC以来の加盟国であるアイルランドにも適用されていたが、経済危機によってこれをはるかに突破する水準となってしまっていた。EUの経済財務理事会は、二〇一三年（のちに二〇一四年に繰り延べ）までに財政赤字を三%以内に縮小することを求め、これを踏まえて、アイルランド政府は、財政再建策に着手したが、できることは限られていた。さらに、実体経済の悪化が財政の改善に強い逆風となった。景気悪化が税収を低下させ、失業率の悪化が失業給付費を急増させた。

世界の目がユーロ圏の経済状況に注がれるようになっていた。二〇一〇年七月初め、ギリシャの長期国債利回りは一〇%を超えていた。それだけの利率を示さなければ引受先がないという状況であった。ポルトガルが五・五%、アイルランドが五・三%、イタリアが四%、スペインが四・六%。これら五カ国が懸念の対象として「PIIGS」と呼ばれた。「かつては経済の強さで台湾や韓国と並べられていたアイルランドは、今や欧州の病人たちと対比されるようになった」（トーマス・バートレット）。

ソブリン危機

二〇一〇年夏、格付け会社によるアイルランド国債の格付けの引き下げのニュースが相次ぎ、国債長期利回りも、じりじりと上昇していった。

九月三〇日、レナハン財務相は、銀行危機対応に要する費用が全体で五〇〇億ユーロ近くになること、国債が市場の信用力を失い発行が困難となったことを下院で報告した。

欧州中央銀行（ECB）、国際通貨基金（IMF）などは、アイルランドに国際支援を受け入れるように強い圧力をかけた。その約四ヵ月半前の五月、IMFとEUはギリシャに対する支援を決めた後、ユーロ圏の金融安定化策として、IMF二五〇〇億ユーロ、EU五〇〇〇億ユーロの総額七五〇〇億ユーロの国際支援の枠組みを整えていた。これを用いて経済支援策を受け入れて、経済再建に道筋をつけるようにとの圧力であった。

アイルランドはこれに抵抗した。経済支援策を受け入れることになれば、厳しい緊縮財政などの措置を講じることを求められ、それを自らの判断で行うことができなくなる。すなわち、経済政策における主権を失うことになる。それは、国内政治においても、かつて前例のないほどの政権批判を巻き起こすことになる。ギリシャと異なり、当面必要な国債発行は手当済みであり、差し迫った資金調達の必要性があったわけでもなかった。

しかし、アイルランド政府の抵抗をよそに外堀が次第に埋まっていった。二〇一〇年一一月二一日、アイルランド政府は正式に支援策の受け入れを発表した。

アイルランド政府は、一一月二四日、支援策の受け入れの前提となる財政再建策を発表した。これが資金供与側が付した条件、いわゆる「コンディショナリティ」であった。その内容は四年間で総額一五〇億ユーロの財政赤字削減措置で、歳出削減で一〇〇億ユーロ（公務員給与、社会保障支出の削減、各種補助金の見直し）、増税で五〇億ユーロの歳入増加（所得税控除などの見直しによる課税ベースの拡大、付加価値税の二一％から二三％への二％引き上げ、資産課税の強化）を目指すものであった。これはGDPの九％に相当する厳しい財政再建策であった。

財政再建策を発表した四日後の一一月二八日、国際支援策八五〇億ユーロが決定・発表された。IMFが二二五億ユーロ、EUから四五〇億ユーロ、アイルランド自身が一七五億ユーロを負担するものであった。

カウエンの苦境

二〇〇八年九月から表面化した金融危機、財政危機において首相を務めていたのは、フィアナ・フォイル（英愛条約反対派による党）のブライアン・カウエンであった。カウエンは、一九九七年から一一年にわたる長期政権を担ったバーティ・アハーンの後継者として、金銭スキャンダルでアハーンが退陣した後、二〇〇八年五月に首相に就任した。

カウエンは政権の座についていて四カ月しかたっていない九月に、リーマン・ショックの渦の中に巻き込まれた。カウエンが不運であったことは間違いないが、経済危機の対処にリーダーシップを発揮できなかったことも事実である。前任のアハーンは難局にあっても冷静に対応し、極力「ノー」と言わず裏で妥協を図る名人で、金銭スキャンダルが表面化しても不思議と人気が落ちなかったのに対し、カウエンは人の感情を害しても気にしないところがあり、国民の間に連帯感を喚起し、苦境を耐えることを呼びかける役回りには向いていなかった。政治ジャーナリストのパット・リーヒーに「おそらく国家にとっては好況時にカウエン、不況時にアハーンが首相（という逆の組み合わせ）であった方が良かったであろう」と評された。

カウエンの就任時にはフィアナ・フォイルへの支持は堅調で、野党第一党のフィナ・ゲール（英愛条約賛成派による党）への支持を大きく引き離していたが、二〇〇八年秋の金融危機の勃発とともに、フィアナ・フォイルへの支持は一気に下降し、フィナ・ゲールに逆転された。前例のない経済危機への不満、銀行の無軌道な融資のツケが国民に回されることへの怒りが、長年にわたり政権を運営してきたフィアナ・フォイルに向けられた。

当時、政権はフィアナ・フォイル、緑の党、進歩民主党の三党連立であったが、金融危機の勃発によって連立与党間の関係も破綻寸前になっていた。緑の党は、EUとIMFの支援策の受け入れ決定がなされると、連立政権を離脱する方針に転じ、政権の維持はますます困難な状況となった。

カウエンは二〇一一年一月、党内の「カウエン降ろし」を一時はしのいだものの、四面楚歌の状況となり、フィアナ・フォイルの党首を辞任し、解散・総選挙に進むことを余儀なくされた。フィアナ・フォイルは、「カウエン降ろし」を仕掛けたミホル・マーティンを新たな党首に選び、総選挙を戦うこととなった。

選挙戦は、フィナ・ゲールへの支持拡大、フィアナ・フォイルへの支持減少をはっきりと示すものとなった。フィナ・ゲールは、雇用、財政、公共セクター、政治、保健システムの「五項目」で改革を図っていくことをマニフェストで謳い、順調な支持を集めた。

フィナ・ゲールの歴史的勝利

二〇一一年二月二五日に行われた総選挙はアイルランドの歴史の中でも最も劇的な変化をもたらした。一九三二年以来、下院で第一党の座を保持してきたフィアナ・フォイルは、前回選挙に比して支持率を四一・六％から一七・四％に、議席数を七八から二〇に減らす惨敗を喫して第三党に転落した。反対に、フィナ・ゲールは五一議席から七六議席に増やす大勝を収めて、一九三三年の結党以来初めて下院における第一党となった。労働党も二〇議席から三七議席に増やす歴史的勝利を挙げた。

フィナ・ゲールは大勝を収めたものの、自党（七六議席）のみでは下院の過半数（八三議席）に達しないため、労働党との連立政権を組むこととし、党首のエンダ・ケニーが首相に就任した。

ケニー新政権にとって、経済危機への対応が焦眉の急の課題であった。前政権が受け入れた支援策の負担をできる限り軽いものとすべく利子率の軽減を図った。ケニーは首相就任後二日目の三月一一日、欧州理事会に出席し、その場で、利子率の軽減を働きかけた。フランスのニコラ・サルコジ大統領、ドイツのアンゲラ・メルケル首相の二人がキーパーソンであった。サルコジ、メルケルの二人がケニーに対して突きつけたのは、アイルランドの法人税一二・五%を引き上げるのであれば利子率の軽減に応じようとの交換条件であった。負担の軽減を取るか、年来の政策の堅持を取るかの選択を迫られ、ケニーは後者を選び、法人税の引き上げの要望を拒絶した。低率の法人税は、アイルランドにとって外国企業誘致に資する「虎の子」の政策であり、それを短期的な経済的利益のために犠牲にするわけにはいかないとの判断であった。ケニーは、就任後間もなく、欧州政治の荒波に直面することとなったが、結局、利子率の軽減は、同年七月にギリシャ、イタリア、ポルトガルに対する軽減措置とともに実現した。

経済危機対応の中で最もつらい部分は、財政再建に向けた緊縮措置の実施であった。付加価値税の引き上げや資産課税の強化をはじめとする増税、社会保障手当の削減などの措置の実施は、痛みを伴い、人々の不平と不満の声が改めて噴出した。

経済危機の再発防止策も必要であった。中央銀行が金融機関を監督する権限を強めるための中央銀行・金融機関法、貸付報告法、個人破産法が整備された。財政状況のチェック機能を働かせるためにアイルランド財政諮問会議も設置された。財務省は歳入を担当する部局と歳出を担当する部局とに分割され、後者は公共支出・改革省となった。首相、副首相、財務相、公共支出・改革相の四人から構成される経済運営会議も設けられた。これらは、いずれも、「リベラル・モデル」の行き過ぎの歯止めの役割が期待されるものであった。

このようにリベラル・モデルの問題点が明らかになるにつれて、かつては後進性、停滞、分断、孤立と結びつけて見られがちであった「デ＝ヴァレラのアイルランド」を再評価する声が挙がった。デ＝ヴァレラの目指した「得ることとともに与えること、富とともに奉仕することに重きを置き、権利と責任がバランスした社会」（J・J・リー）を見直し、「デ＝ヴァレラの犯した間違いや判断の誤りを踏まえつつも、デ＝ヴァレラの残したプラスの面を再考する」（ディアマド・フェリッター）必要性が指摘された。

総選挙の落とし穴

苦しい環境の中ではあったが、経済の立て直しは進展を見せた。もともとソフトウェア、金融サービス、医薬品・医療機器など国際競争力のある産業セクターを経済の牽引役として持っており、不良債権問題の対応にめどを立てたことで経済は上向きに転じた。二〇一三年一二月にはEUとIMFからの経済支援から卒業を果たし、二〇一四年にはGDPは八・七％のプラス成長に転じた。二〇一五年には、複数の米国の大企業が国際的な税制度改革への対応のためアイルランドに本社機能を移転し、知的財産権の移転も行われたこともあり、成長率が二五・二%という異例の高水準となった。

二〇一六年二月、ケニー首相は下院を解散し、総選挙が行われた。フィナ・ゲールと労働党の政権与党は、国難といってよい経済危機の対応で成果を上げてきたこともあり、自信を持って選挙に臨んだ。

ところが、そこには落とし穴があった。フィナ・ゲールは「回復を続けよう」を選挙のスローガンに掲げたが、選挙民の受け止めとはズレがあった。経済回復は統計には表れているのかもしれないが、それを体感できないというのが選挙民の受け止めであった。

選挙の結果は、政権与党にとって厳しいものとなった（総議席数は前回までの一六六から一五八へ縮減）。フィナ・ゲールは、かろうじて第一党の座を守ったものの、前回選挙に比して議席を七六から五〇へ大きく減らした。労働党に至っては、三七議席から七議席に激減した。反対に、前回の二〇一一年の総選挙でわずか二〇議席と惨敗したフィアナ・フォイルは四四議席にまで回復した。前回の二〇一一年の総選挙で一四議席と躍進したシン・フェイン党は二三議席へとさらに議席を伸ばした。

閣外協力

第一党のフィナ・ゲールが政権を担うべきであったが、これは難事であった。下院の総議員数は一五八、過半数は七九であったが、第一党のフィナ・ゲールの五〇議席では遠く及ばなかった。それまでの連立パートナーの労働党は、わずか七議席となっており、また、政権入りの結果が大幅な議席減になったことで政権からは離脱する方針を固めていた。

ここで、ケニーは大方の予想を裏切る手に出た。積年のライバル政党であり、骨肉の争いを繰り広げてきたフィアナ・フォイルに連立を持ちかけたのである。ところがフィアナ・フォイル党首のミホル・マーティンはこの連立の打診を断った。マーティンの理屈は、二大政党が「大連立」を組むと、シン・フェイン党が野党をリードして、政権の代替オプションとして浮上することとなりかねないので、それは避けるべきだというものであった。

フィナ・ゲールからの連立の打診をフィアナ・フォイルが断ったことで、両党の間では厳しい言葉が交わされたが、その水面下で、両党の幹部の間で政策協議が進められた。その結果、フィアナ・フォイルは政権入りはしないものの、フィナ・ゲールが少数政権を組むことを支援するという閣外協力が合意された。フィアナ・フォイルは、少なくとも三年間、予算の成立に協力するとともに、政権の構築、内閣の不信任案などの議決には棄権するという条件であった。連立には至らなかったが、かつてフィナ・ゲールのアラン・デュークス党首がフィアナ・フォイルのホーヒー首相の経済運営に協力したタラ戦略以来の両党の協力となった。

政権の構築にフィアナ・フォイルの四四議員が棄権することとなったので、フィナ・ゲールが政権を構築するために確保すべき数は五七に下がり、無所属議員九名の支持を得て、ケニーは五月にようやく首相として再任された。ケニー政権には、閣僚一五名のうち無所属議員から三名が入閣した。

翌月の六月、英国は、国民投票でEUからの離脱を選び、アイルランドにも激震が走った。それへの対応がケニー政権に求められることとなった。この点については第三節で扱うこととして、次にこの時期における社会的価値に関わる問題を見ていきたい。

二　憲法改正——同性婚・妊娠中絶をめぐって

同性婚の是非

二〇〇八年以降、経済分野では「リベラル・モデル」の行き過ぎへの対応が求められたが、社会的価値に関わる問題ではリベラルの方向に大きく進む時期となった。

まず論点となったのが同性愛をめぐる問題であった。前章で見たように、一九九三年の同性愛の非犯罪化によって同性愛者の権利保護は大きな前進を見たが、その推進を図る側の次なる目標は同性婚の実現であった。

二〇〇七年にフィアナ・フォイル、緑の党、進歩民主党の三党連立政権が成立した際、同性婚の実現に前向きなのは緑の党であった。一方、三党連立政権といっても、社会的保守派のフィアナ・フォイルが圧倒的に大きな比重を持っている政権であり、緑の党がいくら声を大にして主張したとしても、同性婚まで踏み込むことは難しく、緑の党は目標を「シビル・パートナーシップ」の法制化に下げることとした。シビル・パートナーシップとは、結婚と同等ではないものの、同性同士のカップルに一定の権利を認めるものである。

二〇〇九年、同性同士のカップルにシビル・パートナーシップを認める法案が準備されたが、これに対する推進派の反応はさまざまであった。穏健なグループは一歩前進と評価したが、急進的なグループは結婚並みの待遇が認められないことを批判した。こうした不満も抱えながら、法案は二〇一〇年七月に成立した。カウエン率いる三党連立政府の末期のことであった。

二〇一一年の総選挙でフィナ・ゲールと労働党の連立政権が成立したことは、社会的価値に関わる問題での変革を進める大きなきっかけとなった。両党は、連立政権を組む際の政策協議文書で同性婚の合法化など幅広い問題について憲法改正を念頭に置いて憲法協議会を設置することを盛り込んだ。

こうした連立政権が成立した中、カトリック教会を中心とする社会的保守派と、社会的リベラル派の力関係がどのように展開するかが注目されたが、前章でも触れたカトリック教会の不祥事のニュースが続いた。二〇一一年七月に、カトリック教会の聖職者による子女への性的虐待事件についての報告書が公表され、ケニー首相は、カトリック教会を批判した。二〇一三年二月、マグダレン洗濯所問題（婚外子を妊娠した女性を収容し、過酷な労働、虐待を加えていた問題。前章参照）についてのマーティン・マッカリース上院議員による報告書が公表され、ケニー首相は、マグダレン洗濯所の生存者に陳謝した。いずれも、カトリック教会の権威には大きな打撃となった。

二〇一二年一二月から、同性婚容認の憲法改正を行うかについて憲法協議会での討議が開始された。アイルランドの憲法には、同性婚の可否について規定は特に置かれておらず、結婚は男性と女性の間で行われることが暗黙のうちに前提とされていると解されていた。同性婚を認める規定を憲法上に置くかどうかが議論となった。

レオ・ヴァラッカー
（1979〜、写真：AA／時事）

憲法協議会を経て、政権与党は「結婚は性別のいかんにかかわらず法律に基づき二人の合意によって行われる」との規定を置くことにより、同性婚を認めるよう憲法を改正するという案をまとめ、国民投票が二〇一五年五月に行われることとなった。

これに大きな影響を与えたのが、有力閣僚の保健相を務めるレオ・ヴァラッカーが同年一月に「自分はゲイだ」と宣言をしたことである。ヴァラッカーは、一九七九年生まれで、当時三六歳。インド人の医師とアイルランド人の看護師の間に生まれ、ダブリン大学トリニティ・カレッジに学んで医師となった。学生時代から、フィナ・ゲールの青年組織で政治活動に加わり、二〇〇七年に下院議員に当選。二〇一一年の総選挙でフィナ・ゲールのケニー政権が誕生すると、運輸・観光・スポーツ相に任命され、二〇一四年に保健相となり、フィナ・ゲールの次世代リーダー候補といってよい存在であった。ヴァラッカーは、「ゲイであることは自分を定義するものではない。インド系であることと、医者であること、ゲイであること、それらは自分を定義するのではなく、自分という人間の性格のある一面に過ぎない」と述べた。

同性婚を容認する憲法改正は、賛成六二・一%、反対三七・九%の賛成多数で可決された。国民レベルの投票を通じて同性婚を合法化したのは、世界でも初めての事例であった。

その二年後の二〇一七年六月、ヴァラッカーはケニーの後任首相となった。ゲイを公表している者の首相就任はかつてのアイルランドでは考えられない変化であった。

妊娠中絶

同性婚の議論と並行して、妊娠中絶の可否の議論も進んでいた。一つのきっかけは、二〇一〇年の欧州人権裁判所の判決であった。妊娠中絶のために英国渡航を余儀なくされた三人のアイルランドの女性(A、B、C)が国(アイルランド)による人権侵害を欧州人権裁判所に訴えた事件で、同裁判所は妊娠によって癌が再発する可能性があったCについて、憲法上認められている妊娠中絶についての法整備を国が怠ったとして訴えを認めた（一方で、A及びBについては訴えは認められなかった）。一九九二年のX事件判決が、自殺の危険を含めて母の生命に対する現実的かつ実質的な危険がある場合に、憲法は妊娠中絶を認めていると判示したことを踏まえてのことであった。

政府は、医師や法律家などからなる専門家グループを設けて、この判決への対応を検討していたが、その最中の二〇一二年一〇月にもう一つの事件が起こった。

歯科医のサヴィータ・ハラパナヴァールが子を流産しそうな状況となり、自身の生命も危険な状態となって、病院で中絶手術を求めたものの、病院側から、胎児が生きている以上は中絶は認められないとして拒否され、母子ともに死亡した事件であった。

痛ましい事件に抗議の声が沸騰した。ケニー政権は、同年一一月に出された専門家グループの報告書を基に、X事件判決の内容を法律化する方針を固め、二〇一三年七月に妊娠期生命保護法を成立させた。これにより、母の生命に対する危険がある場合、自殺の可能性がある場合について、中絶を行う法律上の基礎ができた。

これによって、法律上、妊娠中絶が認められることとなったが、中絶を行わせないよう胎児の生存の権利を規定した憲法の条項（第八次改正）を曖昧な内容のまま残して良いのかが引き続きの課題であった。

二〇一六年の総選挙で、労働党、緑の党、社民党、シン・フェイン党などがこの憲法の条項撤廃の国民投票を選挙公約に掲げた。総選挙後、ケニー政権は国民投票実施に向けて動いていった。

二〇一八年五月、妊娠中絶容認を明確化する憲法改正についての国民投票が行われた。具体的には、第八次改正による前記の条項を撤廃し、「妊娠の終結についての規定は法律で定める」と置き換えることの是非を問うたものである。プロ・チョイス派（産むか産まないかの選択を重視する立場から中絶の権利を擁護するグループ）と、プロ・ライフ派（生命を尊重する立場から中絶に反対するグループ）とで激しいキャンペーンが行われた結果、賛成六六・四%、反対三三・六%で、プロ・チョイス派の勝利となった。一九八一年の第八次改正の時から、三七年が経過し、賛否の比率が逆転した形となった。

価値観や倫理についての変化には時間がかかることもあり、「デ＝ヴァレラ・モデル」からの脱却は経済よりも大きく遅れた。コラムニストのフィンタン・オトゥールは、海外からの投資に開かれたアイルランドとカトリックの価値観に支配されたアイルランドがあたかも「パラレル・ワールド」のように並存してきたと評した。それでも、ここまで見てきた通り、時を経て、社会的価値に関する分野においても、保守からリベラルへの推移が進んだ。その背景要因としては、欧州の他の多くの国でも見られた脱宗教化、近隣諸国のリベラル化、高等教育の普及を挙げることができる。また、それに加えて、社会的保守派の牙城であるフィアナ・フォイルの勢力・影響力が衰えたこと、スキャンダルの続出でカトリック教会の権威が失墜したことも指摘できよう。こうしたプロセスを通じて、かつてはカトリックの教義が強固に支配していたアイルランドは、世界でも有数のリベラルな社会となった。

三　英国のEU離脱と「内戦政治」の終わり

北アイルランドの不協和音

北アイルランドでは、二〇〇七年に積年の仇敵であったユニオニスト急進派の民主ユニオニスト党（DUP）とナショナリスト急進派のシン・フェイン党とを中心として権力共有政府が成立した後、一〇年間は、北アイルランド自治政府がなんとか機能した時期となった。DUPでは、一九五〇年代からユニオニスト政治に関わってきたイアン・ペイズリーが党内の圧力もあって二〇〇八年に第一線を退き、副党首を務めてきたピーター・ロビンソンが党首に就任した。

権力共有による北アイルランド自治政府は、事あるごとにユニオニストとナショナリストの立場の相違によって揺さぶられてきた。特に、「過去の事案」と呼ばれる北アイルランド紛争時の殺傷事件の処理、旗の掲揚、パレードの実施など、アイデンティティに関わる問題については、両コミュニティの間の懸隔が大きく、北アイルランド自治政府はたびたび危機に見舞われてきた。それでも、英国政府、アイルランド政府、北アイルランドの諸政党の間で、二〇一四年一二月のストーモント・ハウス合意、二〇一五年一一月のフレッシュ・スタート合意をまとめることで、北アイルランド自治政府は命脈を保った。

一方、二〇一六年に至ると、従来の諸懸案に加えて、DUPの党首となったアーリーン・フォスターが以前に主管大臣として担当したエネルギー分野の政策の失敗もあり、DUPとシン・フェイン党との対立が高じた。そうしたところに起こったのが二〇一六年六月の英国のEU離脱についての国民投票であった。

英国の国民投票の衝撃

二〇一六年六月二三日、英国はEU残留か離脱かを問う国民投票を行い、四八・一%が残留を望み、五一・九%が離脱を選び、離脱派の勝利となった。北アイルランドでは、スコットランドともに残留派が多数を占めたが、英国全体では離脱派が上回った。

この結果は世界中を驚かせたが、各国の中で、最も大きな衝撃を受けたのはアイルランド政府であった。

多くのEU加盟国にとって、英国は経済面や人的移動でのつながりはあるものの、海を隔てた国であった。ところが、アイルランドにとっては、かつて支配を受けた国であるとともに、五〇〇キロメートルの陸上国境によって接している国にほかならない。しかも、その陸上国境は一九六〇年代後半からの北アイルランド紛争時代には、軍隊が配備されて物々しく警備され、税関や検査のための施設が置かれていたものであった。

国境の実態は当時から大きく変わっていた。一つには一九九八年のベルファスト合意を始めとする和平プロセスが進んだこと、もう一つには英国もアイルランドも共にEUの加盟国であり、EU域内で物品、サービス、人、資本の「四つの自由」の確保を目指した単一市場の取り組みが進んだことで、南北アイルランド国境は行き来が自由となった。実際、車でアイルランドから北アイルランドへ、あるいはその逆に移動しても、いつ国境を通過したか気づかない状況となっていた。企業によっては、南で調達した原材料を北で加工し、南に戻してEU域内で販路に乗せるといった南北アイルランド国境の自由な移動を前提とするサプライチェーンが盛んに構築されていた。

南北アイルランド国境は、通過点が三〇〇カ所あり、月に約一八五万台の車両が行き来していた。英国がどのような条件でEUを離脱するかによって、この南北アイルランド国境は大きく影響を受けることとなった。国民投票によって英国のEU離脱との意思が示されたものの、それをどのような形で実施するかの具体論については議論が乏しかった。離脱後もEUの制度との親和性を残した「ソフト・ブレグジット」となるのか、EUの制度と断絶する「ハード・ブレグジット」になるのかも見えていなかった。

仮に、英国が「ハード・ブレグジット」を選べば、アイルランドと、英国の一部である北アイルランドとは、異なった制度に置かれることとなる。そうなれば、国境を管理し、関税や検査のための手続きを行う「ハードな国境」の出現とならざるをえない。そうした管理ポストは、勢力は衰えたとはいえ引き続き存在するナショナリスト、ユニオニスト双方の武装勢力の格好の攻撃対象となることが想定された。ハードな国境の出現は、経済の観点からも、治安の観点からも、アイルランドにとって悪夢のシナリオであった。英国のEU離脱問題をフォローしてきたジャーナリストのトニー・コネリーは「ベルファスト合意の根本的な要素は、陸上の国境を事実上なくすことであり、人、モノ、サービス、考え方、文化、学生が自由に行き来できることにあったため、ブレグジットによって北アイルランドの和平プロセスはもはや安定的な軌道が保障されない状況となった」と指摘した。

アイルランドの戦略目標はハードな国境の回避となり、それを実現するため、欧州委員会、EU加盟各国への精力的な働きかけを開始した。ケニー首相、チャールズ・フラナガン外相、首相府や外務省の高官がアイルランドの立場を説いて回った。この時期、アイルランドから各国などへの働きかけは、合計四〇〇回を超えたと言われる。二〇一七年六月にケニー首相からヴァラッカー首相に代わっても、こうした方針には変わりはなかった。

そうしたアイルランド挙げての外交努力が実を結び、英国と交渉する欧州委員会の交渉方針には、ハードな国境の回避が盛り込まれた。欧州委員会で実際に交渉を担当するのは、以前にフランスの外務大臣や欧州委員を歴任したミッシェル・バルニエとなった。アイルランドにとって幸いなことに、バルニエは、ベルファスト合意の成立直後の時期に、地域政策担当の欧州委員を務め、北アイルランド和平プロセスに関与したことがあり、南北アイルランド国境がいかに難しい問題であるかを知悉《ちしつ》していた。

一方、英国にはアイルランド国境問題への関心も理解も決定的に欠けていた。EU離脱で人々の関心を集めたのは移民、主権といった問題であった。政治学者のケイティ・ヘイワードは、「アイルランド国境がかつていかに『ハード』なものであったかを気にする人が極めて少なかったことはベルファスト合意の成功の表れと言える」と指摘したが、それはむしろ成功の犠牲と言えるものであった。また、それは同時に、ロンドンでは通常時には北アイルランドにもアイルランドにも大きな関心が寄せられることは少なく、問題や懸案が起こってはじめてどのように解決策を講ずるかが論じられるというパターンの表れでもあった。

アイルランド国境問題は、英国のEU離脱における最も解決が困難な問題となり、この問題に世界の耳目が集まることとなった。

ハードな国境をいかに回避するか

英国のEU離脱をめぐる交渉の中でのアイルランド国境問題を考えると、次の三つの要請をどのように満たすかがポイントとなった。

①英国がEUの関税同盟と単一市場から離脱する。
②アイルランド国境をハードな国境としない。
③北アイルランドと英国の他の地域とに制度上の差異を設けない。

この三つの要請は、二つの実現を目指せば残りの一つができなくなるというトリレンマの関係にあった。②「ハードな国境の回避」と③「北アイルランドを特別扱いしない」を実現しようとすれば、英国をEUの関税同盟と単一市場から切り離すことができなくなり、①が実現できなくなる。①「EUの仕組みからの離脱」と③「北アイルランドを特別扱いしない」を実現しようとすれば、アイルランド国境はハードな国境となってしまい、②が実現できなくなる。①「EUの仕組みからの離脱」と②「ハードな国境の回避」を実現しようとすれば、北アイルランドを英国の他の地域と異なり、EUの関税同盟と単一市場に残さざるをえなくなり、③が実現できなくなる、という状況である。

アイルランドの国境問題は、このトリレンマの制約の中でどれを重視するか、立場の相違がぶつかり合ったものであった。

二〇一七年三月に英国がEUに対して正式に離脱通告を行い、離脱交渉が開始された。

英国のテリーザ・メイ政権は、その後一年半あまり、EU側との間、国内関係者との間で苦闘をして離脱協定案を二〇一八年一一月にまとめた。それは、アイルランド国境をハードな国境としないための取り組みが功を奏しない場合、英国全体が事実上、EUの関税地域に残り、北アイルランドの物品貿易についてEUの単一市場の規則を適用するという「バック・ストップ」（いざという時のための安全策）を組み込んだものだった。英国内では、これではブレグジットにならない、北アイルランドを他の地域と異なった扱いにすべきではないとの批判が噴出し、二〇一九年の下院の審議で三度否決された。同年五月、メイは万策尽きて辞任を表明した。

ジョンソン首相による北アイルランド議定書

メイに代わって二〇一九年七月、首相に就いたボリス・ジョンソンは、議会の閉会、合意なき離脱を辞さないなど、強硬姿勢で突破しようとした。一方、下院の中にも、合意なき離脱を避けるべきとの勢力が強く、結局、ジョンソンは、EUとの妥協を模索せざるをえなくなった。ジョンソンは、同年一〇月、アイルランドのヴァラッカー首相と会談し、アイルランド国境問題についての新たな方向性に合意した。「バック・ストップ」を廃止し、当初から、北アイルランド限定の特別措置を設けることとした。すなわち、英国全体としてEUの関税地域から離脱するが、北アイルランドだけは、あたかもEUの関税地域であるかのように引き続き運用する。物品貿易の規則についてもEUの単一市場の規則を適用する。これらの仕組みについて四年ごとに北アイルランド議会の同意を得ることとする、などの複雑な仕組みである。

これにより、ジョンソンは、前記のトリレンマのうち、①「EUの仕組みからの離脱」と②「ハードな国境の回避」を優先することを選び、③「北アイルランドを特別扱いしない」を犠牲にした。

結局、このジョンソン・ヴァラッカー会談をもとに、北アイルランド議定書がまとめられ、離脱協定が合意された。これは、最重視するハードな国境の回避を実現した点でアイルランド外交の大きな成果と言えた。

この離脱協定によって、英国は二〇二〇年一月末にEUを離脱した。同年一二月末までが移行期間とされ、その間に英国とEUとの将来関係についての貿易協力協定も合意された。

一方、事はそれでは終わらなかった。

移行期間が終わった二〇二一年、EUとの新たな関係の開始とともに、英国は北アイルランド議定書についての批判を強めた。北アイルランドと英国の他地域との交易に手続きや検査が求められることを問題視し、緊急時のセーフガード条項を発動する構えを見せた。これは、同議定書の主要規定を運用停止するもので「核オプション」といってよいものであった。EU側はこれに対して、英国との貿易協力協定を停止するなどの対抗措置をとることが議論され、貿易戦争となりかねない展開となった。

多くのEU加盟国にとっては、英国のEU離脱で振り回されるのはもうたくさん、というのが正直なところであった。一方、英国の対応は自ら交渉して合意した国際約束を後になってひっくり返そうとするもので、ルールに基づく国際秩序の尊重の観点からも受け入れ難いものであった。特に、アイルランドにとって北アイルランド議定書が機能しない事態は、ハードな国境をどう回避するのかの問題に逆戻りすることを意味するので、危機の再来であった。

本書執筆の二〇二二年の時点でも、EU側は、北アイルランドと英国の他の地域との間の交易について手続きや検査を軽減する措置を提案するも、英側は満足せず、両者の対立が続いている。英国は六月、北アイルランド議定書の規定を無効化する国内法を議会に提出した。

その一方でEU離脱後、対EU強硬路線を取ってきたジョンソン首相が不祥事・スキャンダルの多発で七月に辞任を表明し、北アイルランド議定書をめぐる英国とEUとの争いは先の見えない状況となった。

北アイルランドの混乱

北アイルランドは、英国のEU離脱の動きに大きく振り回された。北アイルランドの諸政党の多くは二〇一六年の国民投票時にEU残留を支持したが、ユニオニスト政党の最大の党であったDUPは離脱を支持した。

国民投票の後、北アイルランドでは、DUPとシン・フェイン党の対立が高じて、自治政府が瓦解した。これにより、北アイルランドは、英国のEU離脱という変動期に、対応すべき自治政府が存在しない状況となった。

一方、DUPにとって追い風となったのは、英国のメイ政権が、二〇一六年六月にEU離脱の実施に向けて政権基盤の強化を目指して総選挙に打って出たが、野党の労働党が予想外の善戦をしたことで過半数割れに追い込まれ、DUPに閣外協力を求めてきたことであった。これによって、DUPはその後のメイ政権の政権運営に大きな影響力を獲得することとなった。

DUPにとって、EU離脱の最大の関心事は、北アイルランドが英国の他の地域と異なった取り扱いとならないことであった。前記の通り、メイ合意は北アイルランドを特別扱いする点を含んでいたため、DUPはこれに反発し、メイ合意が下院で三度、採決に付された際、いずれも反対票を投じてメイ政権を倒す要因となった。

DUPは、当時、メイ合意を厳しく批判したジョンソンに接近していた。ところがジョンソンは政権の座に就くと、手のひらを返したかのように、メイ合意よりもさらに明確に北アイルランドを英国の他の地域と異なった扱いをする合意で決着させたため、ジョンソンに裏切られる形となった。

英国政府とアイルランド政府の働きかけもあり、両国政府と北アイルランドの諸政党の間で「新たな一〇年、新たなアプローチ」と題する合意がまとめられ、北アイルランド自治政府は、二〇二〇年一月に復活した。しかし、英国のEU離脱が名実ともに現実のものとなった二〇二一年の年初から、離脱協定の中の北アイルランド議定書の実施をめぐって大きな論議が巻き起こることとなった。

DUPをはじめとするユニオニスト政党が議定書への批判を強めた。北アイルランドが英国の他の地域と異なる扱いがなされEUの仕組みに残されることで、英国から切り離されてアイルランド統一に向かうのではないかと、懸念が噴出したためであった。議定書は、北アイルランドに英国の一部でありながら、EUの単一市場にもアクセスがしやすいという独自の地位を与えたが、ユニオニスト政党、特にDUPは英国の他の地域と異なる扱いがなされることの方を重大視した。この議定書問題も一因となって二〇二一年三月から四月にかけて北アイルランドの各地で暴動が起きた。

DUPでは、アーリーン・フォスターが党内からの不信任の声の高まりで同年四月に党首の座を追われ、それに代わったエドウィン・プーツもわずか一カ月で辞任を余儀なくされるというリーダーシップ危機に陥った。DUPは、一方ではユニオニスト穏健派のアルスター・ユニオニスト党（UUP）や宗派横断的なアライアンス党から、他方ではさらに強硬なユニオニスト政党である「伝統的ユニオニストの声」に支持を奪われており、党の再建のために、どちらの方向に進むべきか悩ましい状況になっていた。北アイルランドのユニオニストを取材し続けてきたジャーナリストのスーザン・マッケイは「ユニオニズムは支配的地位にあった日々へのノスタルジアを覚えつつ意気消沈しているが、かつての日々が戻ってくることはない」と指摘した。

北アイルランドの創設から一〇〇年が経過して、状況は大きく変わった。二〇二二年五月の北アイルランド議会選挙（総議席数は九〇）においては、シン・フェイン党が二七議席を得て、二五議席に止まったDUPを抑えて第一党となった。近年、出生率がより高いカトリック系住民の数はプロテスタント系住民の数に近くなってきており、二〇二一年に行われた国勢調査の結果が判明すればカトリック系住民の方がプロテスタント系住民よりも多くなっているのではないかとも指摘されている。北アイルランドは、第一章で述べた通り、時間が経過してもプロテスタント系住民がカトリック系住民に対して人口面での優位を保つように構築された地域であることを考えると、隔世の感がある。ただし、こうした人口面での変化にもかかわらず、統一アイルランドを望む者が過半数にはなっていないことにも留意が必要である。

テロなどの紛争は収まったものの、プロテスタント系とカトリック系のコミュニティの分断は継続している。一方、自らをユニオニストでもナショナリストでもないとする人の比率が高まってきており、両コミュニティの対立の構図だけでは、収まらない状況となっている。宗派争いを超えて、保健サービス、経済環境など生活面での改善を求める声も大きい。こうした動きを背景に、二〇二二年五月の北アイルランド議会選挙では宗派横断的なアライアンス党は、前回の八議席から一七議席へと躍進を遂げた。

ユニオニストかナショナリストかの軸以外に、社会的保守派か社会的リベラル派かの軸も重要となっている。DUPは中絶合法化の問題など社会的価値について保守的な立場を保持しており、それも支持基盤の減退につながっていると指摘される。

このように北アイルランドは、政党、人口構成、アイデンティティなど多くの面で新しい時代に入りつつある。

法人税改革

英国のEU離脱のドラマと並行して、アイルランドの国際的な立場に大きく関わる議論が展開されたのは、法人税の問題であった。

税制度は国家の主権で各国の自由判断であるため、各国が企業誘致のために法人税率を引き下げる「底辺への競争」が行われ、世界全体での法人税の税収が落ちたことが指摘されていた。これは、税の再分配機能が弱まることから、格差拡大にもつながる問題であった。また、デジタル化が進む中、GAFA（グーグル、アップル、フェイスブック、アマゾン）のようなIT大手企業に対して、どこで、どのように法人税を課税するか、世界的なルールの明確化も必要となった。

こうした問題は、OECDで「税源侵食と利益移転（base erosion and profit shifting：BEP

S)」の問題として検討されることとなった。特にBEPSで問題とされたのは、実質無税とすることで税逃れのためのペーパーカンパニーを誘致するタックスヘイブン(租税回避地)と呼ばれる国や地域、多くの主要国よりも低率の法人税を設定してそれを企業誘致に活用する国であった。

アイルランドは、このBEPSで微妙な立ち位置にいた。アイルランドは、「デ＝ヴァレラ・モデル」からの脱皮をはかった一九五〇年代後半以来、低率の法人税を外国企業誘致のためのツールの一つとして活用してきた。これが功を奏して、グーグル、アップル、フェイスブックなどのIT大手企業は欧州本部ないし米国外の本社機能をアイルランドに置いてきた。他方、アイルランドは低税率とはいえ、これらの企業は、多くの人員を雇用して実態のある経済活動を行っており、ペーパーカンパニーとは異なっていた。

BEPSの作業が進むにつれて、まず、利益を経済活動の実態のない場所に移すことが国際的に認められなくなり、企業の中には、他の場所に置いていた知的財産権などを経済活動の実態のあるアイルランドに移す動きが生じた。二〇一五年にアイルランドのGDPが二五・二％増と急増した背景には、BEPSによる国際的な法人税制度の改革を背景とした、こうした資産の移し替えがあった。

BEPSの作業には多くの側面があったが、アイルランドにとって重要な論点は法人税の最低税率の設定であった。二〇二一年夏の時点での合意案は、「最低税率を少なくとも一五%とする」とのものであった。交渉に参加している世界の一三〇に上る国・地域のほとんどがこの案を受け入れたが、アイルランドは、他の八ヵ国とともに立場を留保した。交渉でさらに明らかにすべき点があると述べたが、「少なくとも一五%」では、一五%よりも高い税率となる可能性を懸念してのことであった。

同年一〇月、アイルランドの働きかけが実り、合意案の「少なくとも一五%」の「少なくとも」が取れて「最低税率を一五%とする」に変わり、アイルランドはこの合意案への賛同を表明した。

アイルランドにとって、法人税率一二・五%は、年来の政策で、歴代、フィアナ・フォイルも、フィナ・ゲールも等しく支持してきている政策であり、アイルランドの「ビジネス配慮」の姿勢を明確に物語る政策であった。アイルランドとしては、可能であれば変えたくはなかったが、国際的な流れはすでにできており、アイルランドが一ヵ国で、また、数ヵ国で抵抗してどうなるものでもなかった。

一方で、かつてのアイルランドでは、低率の法人税が欧米の多国籍企業の誘致の決定的な「切り札」となっていたが、その後、能力の高い人材供給や産業集積の存在などが企業を引きつけ、また、企業移転を引き止める要因として働くようになっており、法人税率が一五%に引き上げられても大きな影響は出ないと判断された。

英国のEU離脱と世界的な法人税改革は、アイルランドの「リベラル・モデル」が前提としてきた外部環境がいつまでも同じではないことを示す事例であった。この変化に対応することが新たな課題として求められることとなった。

ロシアによるウクライナ侵略

二〇二二年二月、ロシアによるウクライナ侵略が起こった。アイルランドは法の支配、主権の尊重の観点から、ウクライナ支持の立場を明確に打ち出し、人道支援の供与、ウクライナからの避難民の受け入れなどの対応をとったが、EUのウクライナ軍支援については、殺傷性武器の提供には参加せず、非殺傷性物資の提供のみに参加した。

軍事的非同盟政策をとってきたフィンランドとスウェーデンが、この事態に方針を転換し、NATO加盟申請に踏み切ったこともあり、アイルランドでも、軍事的中立政策を維持するのかの議論が起こったが、同年四月に行われた世論調査では、「現在の軍事的中立のやり方を維持することを望むか」という質問に対し、賛成するものが六六%、変更することを望む者が二四%だった。「デ＝ヴァレラ・モデル」の諸要素の中でも、中立政策は最も長く残りそうな状況である。

新たな政治構図

時間がさかのぼるが、二〇二〇年二月、アイルランドで総選挙が行われた。二〇一六年以来、フィアナ・フォイルの閣外協力を得て少数政権を運営してきたフィナ・ゲールにとって、四年間の成果を問う選挙であった。国難といってもよい英国のEU離脱に際し、ヴァラッカー首相がジョンソン英首相との直接交渉でアイルランド国境をハードな国境としない解決策を確保してから数カ月しか経っていなかった。そうした成果をアピールして選挙戦を有利に戦えると目論んでいた。一方、ライバル政党フィアナ・フォイルは、フィナ・ゲールから九年ぶりに政権を奪還することを目指していた。

ところが、選挙の結果は、大方の予想を裏切り、新たな政治構図が生まれた。フィナ・ゲールは前回の五〇議席から一五議席減の三五議席と後退した。フィアナ・フォイルは三八議席とフィナ・ゲールを抑えて第一党となったものの、前回の四四議席から六議席を減らす結果であり、勝利を祝うにはほど遠かった。

躍進を遂げたのはシン・フェイン党であった。前回の二三議席から三七議席となり、第一党のフィナ・フォイルに一議席差と肉薄した。住宅、保健サービスといった選挙民の身近な問題で、既存政権に厳しい批判を加え、フレッシュで意欲的な改善策を提示することで大きな支持を集めた。振り返れば、シン・フェイン党は、一九九七年の総選挙で初めて一議席を獲得し、二〇〇二年に四議席、二〇一一年に一四議席、二〇一六年に二三議席と数を増やしていたが、それが、今回、二大政党と肩を並べる一大勢力にのし上がった。

同様に議席を増やしたのが緑の党であり、前回の二議席から一二議席に大きく増やした。

三党連立政権

選挙結果を受けて、どのようにして政権を組むかが盛んに議論された。三つの大きな党が存在する中、下院の過半数を制するためにはその二つが手を組むことが必要条件と思われた。フィアナ・フォイルも、フィナ・ゲールも、選挙キャンペーン中から、シン・フェイン党とは連立を組まないとの方針を掲げ、選挙後もそれを維持した。そうすると、残るは、フィアナ・フォイルとフィナ・ゲールが連立を組み、これに第三の党が加わることしか政権を成立させる解はなさそうであった。

これには、フィアナ・フォイルにも、フィナ・ゲールにも、大きな抵抗感があった。そもそも両党は二大政党としてアイルランドの政治の覇権を互いに争ってきた骨肉のライバル関係にあった。二〇一六年以来、閣外協力の形はとってきたが、両党が一緒になって政府を運営するということは、根本的な発想の転換を必要とした。

とはいえ両党の連立以外に政権を組む枠組みは見出すことは困難となり、両党は連立協議に入り、首相ポストをローテーションする（五年の期間のうち、前半はフィアナ・フォイルから、後半はフィナ・ゲールから交代で首相を出す）ことで折り合った。その後、両党は、緑の党とも連立協議を行い、地球温暖化対策など緑の党の主張を入れて政策プログラムを策定した。

総選挙から約五カ月を経た六月末に、これら三党連立政権が成立し、フィアナ・フォイル党首のミホル・マーティンが首相に就任した。

アイルランド政治の新たな方向性

本書執筆の二〇二二年の段階で、三党連立政権が成立してから約二年が経過している。新型コロナ・ウイルス感染症への対策やウクライナ危機への対応に追われる日々であった。かねてから懸案となっていた住宅対策や、緑の党が熱心に取り組んでいる地球温暖化対策で新たな措置を打ち出しているが、政権への国民の評価は芳しいものではない。

先に二〇二二年五月の北アイルランド議会選挙でシン・フェイン党が第一党となったことを記したが、アイルランドにおいても、本書執筆の二〇二二年の各種世論調査では、シン・フェイン党が最も多くの支持を集める政党となっている。例えば、二〇二二年七月に発表された世論調査（アイリッシュ・タイムズ紙）によれば、政党支持率はシン・フェイン党三六％、フィアナ・フォイル二〇％、フィナ・ゲール一八％と、シン・フェイン党が他を圧倒している。

このような世論調査の結果がそのまま次期総選挙に反映すれば、シン・フェイン党政権の誕生の可能性が高くなる。そうした場合、アイルランドの政治は新たな方向に向かっていくこととなる。

これまでアイルランドの政治を支配してきたフィアナ・フォイルも、フィナ・ゲールも、いずれも中道右派の政党であった。両党の間での政権交代がなされてきたといっても、別の見方をすれば、一九二二年の独立以来、中道右派の政権が続いてきたといえる。西欧の多くの国で、右派政党（例えば、キリスト教民主主義の政党）と左派政党（例えば、社会民主主義の政党）との間で、政権交代がなされてきたのと対比すると、アイルランドの政治は、中道右派で長期安定してきたと言える。今後、そうした軌跡に変化が生まれるだろうか。

シン・フェイン党の特徴は左派ナショナリスト政党であることである。同党が政権の座に就けば、住宅、医療サービスなどの分野で左派的な改革路線をとること、党是である統一アイルランドを目指した政策を取っていくことが予想される。どちらにおいても、これまで野党の立場で批判してきた現実を乗り越えられるかが問われる。

統一アイルランドの実現については、課題の方が多い。EU離脱後の英国政府が連合王国の枠組みの維持に強い姿勢をとるようになっている。北アイルランドでは、カトリック系住民がプロテスタント系住民よりも多くなる見込みであるものの、統一アイルランドを望む者が過半数を占める状況とはなっていない。アイルランドにおいても税負担の増大などの「苦い薬」を飲んででも統一を目指したいと考える人の割合は過半数には達していない。

シン・フェイン党がアイルランドで政権に就く日が近づいていることを懸念の目で見る向きも少なくない。かつてのＩＲＡのテロ活動を記憶している者には、ＩＲＡの政治部門であった同党への拒否感もある。同党は引き続き内密の軍事評議会に支配されているのではないか、北アイルランド紛争当時の「過去の問題」が浮上した際の対応は大丈夫かといった懸念の声もある。さらに、EU重視、企業活動重視などの伝統的な政策が維持されるのかを不安視する声もある。そうした見方もありつつも、シン・フェイン党はアイルランド政治の中心への道を歩みつつある。

内戦時の対立を引きずったフィアナ・フォイルとフィナ・ゲールが対峙する「内戦政治」は、二〇二〇年の総選挙、両党が参加する三党連立政権で終わりを迎えた。次の時代がどのような時代となるのか、そこで、本書で見てきた「リベラル・モデル」にはどのような変化が生じるのか。それが問われている。

Column ⑥　ビールとウィスキー

アイルランドといえば、ギネス・ビール、そしてアイリッシュ・ウィスキーの国である。

アイルランドで飲まれるビールは、黒ビールの「スタウト」、ホップが強く苦味を持つ「ビター」、酸味と苦味の両方がある「エール」、日本のビールと共通する「ラガー」といくつものカテゴリーがあるが、ギネスはスタウトの代表的なブランドである。黒々とした色、クリーミーな泡、渋みとコクのある味わいが特徴だ。

ギネス・ビールの誕生の起点は、一七五九年にさかのぼる。当時、三四歳のアーサー・

ギネスがセント・ジェイムズ醸造所跡地を年間賃料四五ポンドで借り受けた。期間はなんと九〇〇〇年だったという。麦芽を焙煎《ばいせん》することによって独特の風味を持ったスタウトを製造する技法がギネスの強みだった。ギネスは、アイルランドの国民的飲料と言っても過言ではなく、パブに行けば、多くの客が注文する飲料がギネスである。

ギネスとともにアイルランドを象徴するアルコール飲料がアイリッシュ・ウィスキーである。アイリッシュ・ウィスキーは興隆と衰亡、そして復活というドラマチックな展開を経てきた。

ウィスキーというとスコッチ・ウィスキーが有名であるが、ウィスキーの発祥の地はアイルランドと考えられている。中東を訪れた修道院の修道士が現地で香水を作るために用いられていた蒸留技術を持ち帰り、大麦を原材料にして酒造に応用したのが発祥と伝えられる。アイルランドやスコットランドで「ウシュケ・バハ」(命の水)と呼ばれ、それが今日の「ウィスキー」の語源になったとされる。

一八世紀になると、アイリッシュ・ウィスキーは世界で名声を得て、ロシア皇帝ピョートル大帝は「あらゆる酒の中で、アイリッシュ・ウィスキーが最も素晴らしい」と評価したという。一八世紀後半には、政府の認可を受けたもの、そうでないものを含め二〇〇〇以上の蒸留所が稼働していたとされる。

一九世紀はアイリッシュ・ウィスキーの黄金期であった。統廃合を経て八八の認可を受けた蒸留所から一二〇〇万ケース（一ケースはウィスキー一二本）が生産されていたとされる。この時期、アイリッシュ・ウィスキーは世界市場で圧倒的なシェアを占めていた。その比率は、六割とも、八割、九割とも言われる。

ところが、その全盛期は二〇世紀の前半に終わりを告げた。その背景にはウィスキーの製造技術に関わる事情とともに、アイルランドの歴史に関わる要因もある。

一つには、従来の単式蒸留器で大麦麦芽（モルト）を原料として用いるモルト・ウィスキーに加え、さまざまな種類のウィスキーが登場してきた。大量生産がしやすい連続式蒸留器が発明された。これを用いてモルトよりも安価なトウモロコシを原料として製造するグレーン・ウィスキーが誕生した。さらに、モルト・ウィスキーとグレーン・ウィスキーを混合することによりブレンデッド・ウィスキーが生まれ、安定した品質のものを大量生産することが可能となった。さらに、こうしたグレーン・ウィスキーやブレンデッド・ウィスキーもウィスキーとして公認されるに至った。こうした新技法を積極的に取り入れたのがスコットランドであり、伝統あるモルト・ウィスキーにこだわったのがアイルランドであった。

こうして品質及び価格の点で受け太刀に立たせられたアイリッシュ・ウィスキーにとって打撃となったのが、アイルランドの歴史の変動であった。

一九一六年のイースター蜂起とその後の対英独立戦争、内戦で生産体制が被害を受けた。

さらに一九二二年のアイルランド自由国としての独立と一九三二年からのデ＝ヴァレラ政権が始めた経済戦争によって、英帝国への市場アクセスが困難となった

これに加えて、一九二〇年からの米国の禁酒法によって蒸留所の多くが廃業を余儀なくされた。禁酒法は一九三三年には撤廃されたが、アイリッシュ・ウィスキーは最低で五年の熟成を必要としていたので、市場の変化にすぐに対応できなかった。こうして世界市場、特に需要の大きな米国市場でアイリッシュ・ウィスキーはシェアを失っていった。

第二次世界大戦がこれに追い打ちをかけた。米国兵士のウィスキー需要が急増したのに対し、アイルランドは中立政策をとり、国内の供給を確保するために輸出を制限した。これに対し、スコッチ・ウィスキーは積極的に輸出に力を入れたので、戦場の米国兵士にはスコッチが配給された。これらの米国兵士は、戦争が終結し、帰国した後もスコッチを愛飲したので、米国市場ではスコッチが強みを発揮した。

こうしてアイリッシュ・ウィスキーは、絶滅寸前の状況に追いやられ、一時期は、アイルランドの蒸留所は北アイルランドのブッシュミルズ蒸留所、南部のコーク付近にあるミドルトン蒸留所の二カ所のみというところまで追い込まれた。

一方、その後、製造会社の統合、外国資本の参加、ウィスキー製造に参画する新たな世代の登場によって、アイリッシュ・ウィスキーは再び活気を取り戻しつつある。一九八七年、ジョン・ティーリングによってクーリー蒸留所が設立。一九五七年に閉鎖されていた

歴史あるキルベガン蒸留所が二〇〇七年に操業を再開。二〇二〇年現在、アイルランドで操業する蒸留所は三八に増えている。ジェムソン、タラモア・デュー、パディー、パワーズ。レッドブレスト、グリーンスポット。さまざまな個性と特徴を備えたウィスキーが生み出されている。

スコッチに特徴的なスモーキーさがなく、マイルドな飲み口のアイリッシュ・ウィスキーを好む人も多い。このところ、世界市場への輸出も順調に伸びている。興隆と衰亡を経て、アイリッシュ・ウィスキーは、現在、復活のフェーズにある。

終章　日本はアイルランドから何を学べるか

本書各章で見てきたように、アイルランドは、独立からの一〇〇年の間に保守的な貧困国からリベラルで豊かな国に変身した。

もちろん現在でも、多くの課題を抱えている。住宅の不足と価格高騰が積年の課題となっており、これから住宅を持とうとしている若者層には大きな不満がたまっている。医療・保健分野の体制は充実しているとは言いがたい。大都市は過密化しているが、交通インフラは貧弱である。本格的な経済発展が始まってから日が浅く、さまざまな分野で社会資本の蓄積が限られているところが目につく。多国籍企業が経済の中で重要な位置を占めているため、統計上得られた富で海外に流れている部分もあるので、GNI（国民総所得）の数字はGDP（国内総生産）よりも小さくなる（二〇二〇年、GNIはGDPの七六%）。さらに、多国籍企業が保有する知的所有権の減価償却などの影響を排除した修正GNIは、GNIの七三%

となる。アイルランド経済の真の実力を考えるためには、こうしたそれぞれの指標の意味を考える必要があるが、それでもかつての貧しく閉鎖的で停滞していた状況と比べてみれば、その変身ぶりは瞠目《どうもく》すべきものがある。

この終章では、そのアイルランドと日本を対比してみたい。

一　日本とアイルランドの関係

ここで、まず日本とアイルランドとの関係を見ておこう。

戦前、両国の関係は、さほど緊密なものではなかった。人と人との交流という面では、一八九〇年に来日して世界に向けて日本の文化の紹介をしたラフカディオ・ハーン（日本名、小泉八雲）、一九〇六年に慶應義塾大学の学生にホッケーを伝えたウィリアム・トーマス・グレイ牧師など日愛をつなぐ人物はいたが、当時、アイルランドは英国の一部であった。

戦前の日本では、英国のアイルランド統治と日本の朝鮮統治とを重ね合わせ、そこから教訓を引き出そうとする試みがあった。朝鮮総督府は両者の比較調査を命じていた。植民政策を研究した矢内原忠雄《やないはらただお》（戦後に東大総長となる）は、「アイルランド問題研究の実際的興味は吾人にとりては朝鮮（及び満州、台湾）あるが故である」と述べつつ、英国のアイルランド統治を批判的に検討した。

一方、アイルランドは、自由国としての独立後、国際連盟による国際秩序の維持を重視し、満州事変から国際連盟脱退に至った日本を批判した。

第二次世界大戦が勃発すると、日本と英国とは交戦関係となり、アイルランドは中立の立場をとったことから、日本は英国の在リヴァプール領事館の別府節彌領事をダブリンに移駐させ、英国から引き上げる在留邦人の支援などの業務を行った。戦争中の一九四三年に在ダブリン総領事館が正式に設置された。第二章で触れた、連合軍が存在を気にしていた日本の外交使節とはこの総領事館のことである。戦中から、終戦後に外交権を喪失し、財産や文書を連合国側に引き渡して帰国するまでの間、アイルランドが日本の外交官を温かく遇したことは、外交文書にも記録されている。

戦後の新たなスタート

戦後、日本とアイルランドが外交関係の再開を行ったのは、一九五七年のことである。日本は大江晃在オランダ大使に在アイルランド公使として兼轄を命じた。在英国大使にアイルランドを兼轄させなかったのは「アイルランドが英国の一県であるような感触を与えるので好まない」ことを配慮したためであった。アイルランド側は経費・体制の面から、在日公館の設置を見送り、本田勇男氏を名誉領事に任命した。その後、日本は一九六四年に公使館を大使館に格上げし、六八年に本任の大使（他国からの兼轄ではなく、派遣される国に駐在する大使のこと）を任命した。アイルランドも一九七三年に在日公館の設置、大使の派遣を行い、両国の外交関係の体制が整った。

両国関係を支える大きな柱は経済関係であった。一九五七年の外交関係の再開の後、一九五八年にブラザー工業が販売拠点を、一九五九年にソニーが製造拠点を設立し、一九七〇年代以降に本格的な進出ラッシュとなった。アイルランドのEC加盟、欧州単一市場の成立、アイルランド政府の誘致策、低率の法人税、質の高い労働力などが魅力となり、多くの製造業がアイルランドに進出した。

一方、ケルティック・タイガーの時期には、物価、賃金の高騰などが影響し、日系の製造業の多くはアイルランドから撤退した。これは、アイルランドが競争力を持つ産業が変遷したことと軌を一にしている。本稿執筆の二〇二二年の時点には、日本からの投資の主な分野は、製薬、航空機リース、金融サービスの三つとなっている。

要人往来も活発に行われるようになった。アイルランドからは、一九八三年にパトリック・ヒラリー大統領、一九九五年にメアリー・ロビンソン大統領、二〇〇五年にメアリー・マッカリース大統領が訪日した。首相の訪日も盛んに行われており、二〇一三年にはエンダ・ケニー首相が訪れ、安倍首相との間で「イノベーションと成長のためのパートナーシップ」と題する共同宣言を発表した。日本側からは、一九八五年に皇太子夫妻、二〇〇五年に天皇皇后両陛下が訪問し、二〇一三年には安倍首相が日本の現職総理大臣として初めてアイルランドを訪問した。

近年、こうした両国関係をさらに前進させる力学が見られる。アイルランドは、従来から、英国、米国、国連、EUとの関係を重視してきたが、二〇一八年に「グローバル・アイルランド」という標語のもと、外交の幅を広げることを企図し、その中でも、日本との関係重視の姿勢を示してきた。二〇一九年には日EU経済連携協定が発効し、日本とEUとの間の貿易、投資の枠組みの整備が進んだことはアイルランドとの関係でも追い風となった。国際社会がさまざまな課題に直面する中、日本とアイルランドとは、民主主義、人権、法の支配などの基本的価値を共有し、多くの分野で協働するようになってきている。二〇二二年、ミホル・マーティン首相が訪日して、岸田総理との間で「共通の野心によるパートナーシップの前進」と題する共同声明を発出した。

二　日本とアイルランドの対比

相違点と共通点

ここで日本とアイルランドを並べてみると、相違点と共通点の双方が思い浮かぶ。

相違点から行くと、まず国の規模が違う。アイルランドは日本に比較すると、面積では約五分の一、人口では約二五分の一に相当する小さな国である。面積・人口ともに北海道とほぼ同じくらいの規模である。また、歴史が違う。日本は第二世界大戦後の一時期を除いて、外国に占領・支配された経験がないが、アイルランドの歴史にはイングランド／英国の七五〇年の支配が深く刻印されている。さらに、文化が違う。日本の文化は仏教、神道、儒教の影響を受けているが、アイルランドではカトリックが社会的価値と生活様式の基盤を作ってきた。

一方、共通点も少なくない。両国とも島国であるため、貿易によって世界各国とつながることを重視している。両国ともに長い歴史と独自の文化を持っている。急速な経済発展を遂げ、その後、バブルの崩壊を経験したことも共通している。前記の通り、基本的価値の共有もある。

とはいえ、バブルの崩壊後の軌跡を見ると、両国の間で道が分かれた感がある。日本がバブルの崩壊を経験したのは一九九〇年代前半であるが、危機対応の時期を過ぎた後も、「失われた一〇年」とも、「失われた二〇年」とも、「失われた三〇年」とも言われる長期の経済停滞を経験してきている。アイルランドについては、本書第五章で詳しく見てきたように、バブルの崩壊は二〇〇八年であったが、二〇一三年には経済支援から「卒業」を果たし、二〇一四年からは再び成長軌道に乗った。二〇二〇年、二〇二一年には新型コロナ・ウイルス感染症の影響を受けたが、それでもユーロ圏の中で最も高い成長率を示している。

生活の質と経済活力の共存

現在のアイルランドは、生活の質と経済活力を双方ともに高いレベルで両立させている点が注目される。

一般的には経済が成長して生活の質が高まると、旺盛な経済活力を保つことが困難になる。ところが、アイルランドは、生活の質と経済活力をともに高いレベルで両立させている。

国連開発計画（UNDP）の二〇二〇年版人間開発報告は、生活の質についての二〇一九年の指標で世界一八九カ国中でアイルランドを二位に置いた（日本は一九位）。その一方で、近年、アイルランドは、EU諸国の中で、最も経済成長率の高い国となっている。

翻って日本の現状を考えると、生活の質は高くなったが、経済活力の方が課題である。長期にわたる低成長、社会の閉塞感が否定しがたい。

生活の質と経済活力の面に着目する際にも、両国間で単純な比較は難しいことは認識しておく必要がある。客観的状況として異なっている面もある。人口構成からすれば、日本は少子高齢化が進み、「人口ボーナス」（総人口に占める生産年齢人口の割合が高いことで経済成長にプラスの影響がもたらされる状況）の時期を過ぎ、むしろ「人口オーナス」（逆に、生産年齢人口の割合が低く、経済成長にマイナスの影響がもたらされる状況）の時期に入っているのに対し、アイルランドは、日本よりははるかに若い国であり、まだ「人口ボーナス」を享受することができている。

このように客観的な状況に相違もあるが、日本としても応用可能な点はあろう。アイルランドの生活の質と経済活力の両立の背後に何があるのか、日本はアイルランドから何を学べるのだろうか。

三　アイルランドから学べる点

多様性を尊重する

現在のアイルランドを特徴づける一つは多様性の尊重である。例えば、外国出身者が増えている。居住者の中で海外で生まれた者の割合は独立当時は三%に過ぎず、一九九一年には七%であったものが、二〇一六年の時点では一七%へと大幅に増加している。他方、日本の場合には、二〇二〇年の時点で全人口に占める外国人の比率は二%と大きな差がある。出身国の上位を見ると、ポーランド、英国、リトアニア、ルーマニア、ラトビア、ブラジル、スペイン、イタリア、フランス、ドイツ、インド、米国が並ぶ（二〇一六年の統計による）。EU各国と、歴史的に関係の深い英国からの出身者が多いが、それ以外の地域の国も食い込んでいる。

EU域内は、単一市場によって物品、サービス、人、資本の「四つの自由」が保障されており、移動のしやすさ、英語圏、高収入の期待など移民労働者を惹きつけやすい状況となっている。また、アイルランド社会は、マイノリティ（社会的少数派）の保護、尊重の意識が概して高い。アイルランドからの移民が移民先で差別を受けるなど辛い経験をしたことが反映しているとも指摘される。

社会における女性の進出も顕著である。二〇歳以上の女性で職業についている者の比率は一九七一年には四分の一程度に過ぎなかったが、一九九六年には四割強に上がり、二〇一六年には六割近くにまで上った。逆に、二〇歳以上の女性で家庭にいる者の割合は一九七一年には七割であったが、一九九六年には四割強に下がり、二〇一六年には約一五％にまで激減した。時系列を横軸に、これらの比率を縦軸においてグラフにすると、それぞれのトレンドが一九九六年頃に交差するX字の形をきれいに示すことになる。日本の場合にも職業に就く女性の比率は向上したが、社会における女性の活躍の度合いを考えてみると、アイルランドの急速な変化は瞠目に値する。世界経済フォーラムの「グローバル・ジェンダー指数」（二〇二一年）では、アイルランドは九位と上位にあり、日本は一二〇位となっている。

アイルランドの多様性がダイナミズムの源泉となっていることを示す事例には事欠かない。アイルランドは、グーグル、アップル、フェイスブックなどのＩＴ大手企業が欧州本部ないし米国外の本社機能を置いてきたことでも知られるが、こうした企業で勤務するのは多国籍の人材である。これらの企業がアイルランドに本社機能を置いている理由を尋ねてみると、法人税率の低さ、教育水準の高い人材の得やすさ、産業集積の存在とともに、多様な人材が働きやすい環境が挙げられる。

二〇〇八年のバブルの崩壊を事前に予言していたことで知られるアイルランドの経済学者デヴィッド・マックウィリアムズは、著書『ルネッサンス・ネイション』で、アイルランドの社会変貌と経済発展との関係について論じ、「多様性と相違を受け入れ、すべての人を尊重する開かれた寛容な社会が高成長の経済を推進する。経済成長の核にあるのは自己表現とイノベーションであり、イノベーションは、自由でクリエイティブな考え方によって育まれるものであるからである」と指摘した。アイルランドに拠点を置くIT大手企業の状況はこのマックウィリアムズの指摘に合致したものである。

アイルランドにおける多様性と経済成長との関係は、双方向のものといってよい。アイルランドは、かつて貧しかった時代には海外への移民による人口流出に苦しんでいた。五年ないし一〇年の単位での統計を見ると、一九二二年の独立以来、一九六一〜七一年期までは人口流出が続いていたものが、一九七一〜八一年期で初めて人口流入に転じ、その後、一時期を除いて人口流入傾向が定着した。これは、経済状況の改善に加えて、EC加盟、EUへの発展・拡大によってEU加盟国から雇用機会を求めてアイルランドへの移民が増えたことが大きい。

アイルランドにおいては、このように経済成長が多様性をもたらしたとともに、多様性が経済成長を下支えする要因となったと考えられるが、このような好循環は日本では見られなかった。例えば、日本の一九六〇年代は年率約一〇％の成長率を達成した高度成長期であるが、厳格な入国管理政策が続けられたため、外国人人口は一九六〇年の六五万人に対し、一九七〇年の七一万人と大きな違いはなかった。外国人人口の比率はその後高まったとはいえ、一九六〇年の〇・七％から二〇二〇年の二％への上昇である。

日本で外国人材の受け入れの可否を議論すると、日本語習得の難しさ、犯罪や社会秩序の問題が論点になる。外国人労働者の受け入れの問題がアイデンティティ政治に火をつけて、ブレグジットに至った英国の事例を考えてみても、外国人材の受け入れにも一定の歯止めが必要であろう。外国人の受け入れは、日本では労働力の確保という点から議論されることが多いが、アイルランドの事例を考えると、多様性が社会の活力を生み出すという観点に目が向けられて良いのではないか。

比較の対象を持つ

アイルランドにあって日本に欠けているもう一つのものは、近隣に比較の対象となる国、競争相手の国が多く存在することである。同じEU加盟国の中でも人口規模、経済規模がともに近い国としてはデンマーク、フィンランドがある。より規模の大きいオランダ、ベルギー、スウェーデンが比較の対象になることも多い。さらに、英国は、国の規模ははるかに大きいが、歴史的経緯から言っても、さまざまな制度のベースが英国由来のものであることからも、常に比較の対象となってきている。英語圏で、かつて英連邦の同胞であったオーストラリア、ニュージーランド、カナダも比較の対象となる。

二〇一八年から始動した新ハンザ同盟というEU加盟国内の国家グループがある。オランダ、デンマーク、アイルランド、フィンランド、スウェーデン、エストニア、ラトヴィア、リトアニアの八ヵ国からなる。これらは中小規模の国であること、グローバル経済に強く結びついていて開放経済へのコミットメントが強いこと、イノベーション重視、法の支配や民主主義的価値の尊重などの点で共通している国の集まりである。これらの国は、EU内で討議するとき基本的な考え方が共通している同志国・仲間であるとともに、自らのあり方を検討する際に、比較の対象となる国である。

デジタル化、地球温暖化対策、新型コロナ・ウイルス感染症への対策、住宅不足への対応、対インフレ政策。こうした課題が議論される際には、これらの国との比較が頻繁に議論される。これらの国での先進的な取り組みとしてどのようなものがあるのか、それをアイルランドに持ち込むことは可能か、社会・経済的な状況として異なる点はあるのか、アイルランドが独自の方針をとるべき理由があるのか、といった具合である。

さらに、これらの国は、良いところを学び、真似ようとする比較の対象であり、協力のパートナーでもあるとともに、別の局面では、外国企業の誘致を争う競争相手の国でもある。どうすれば競争相手よりもよい条件を提供できるかに真剣にならざるをえない。

競争相手の国が近隣に存在することの意味は大きい。ヨーロッパが近代の時代を切り開くことができた要因として同じ程度の規模の国々が近隣に存在し、それらがお互いに覇を争い、競い合うことによって互いに国力を増したことの意味が大きかった。一ヵ国が優れた制度、国力を増す取り組みをすれば、近隣国がそれを導入し、自国の国力増強に生かしてきた。こうした事例はフランスの国民軍、英国の産業革命など枚挙にいとまがない。

スポーツに目を転じると、例えば、ラグビーにおいて、「シックス・ネーションズ」という仕組みがあり、アイルランド、イングランド、ウェールズ、スコットランド、フランス、イタリアが毎年、ホーム・アンド・アウェーの環境の中で戦い、競争し合っていることが思い浮かぶ。こうした競争を背景にこれらのチームは、世界のトップレベルを維持し、最先端を切り開いてきた。

アイルランド経済の歩みを振り返ると、保護経済政策を放棄して他国との競争に身をさらしたこと、EC（のちのEU）に加盟してその加盟国内での競争に参加してきたことが大きな意味を持った。本書各章でも見てきたように、人口も少なく、資源もないアイルランドが経済発展をするために法人税を低く抑えることをはじめとして外国企業を誘致するために懸命の努力を払ってきたのも、こうした競争に打ち勝つためであった。

世の中の変化に即応しつつ自らのあり方を変えていくのは、容易なことではない。どのような変革であっても、これに反対する勢力が出てくる。そうした中、必要な変革を実現していくためには、厳しい環境に身をおいて、そこで生き残っていくための措置を取っていかなければいけない。

日本は、脱亜入欧を唱えた明治以来、近隣国に比較の対象を見出すことに苦労してきた。比較の対象であり、競争相手を考える際、近隣国にこだわらず、また、ある面においては共通するが別の面においては相違するという国柄の国をも念頭に置くことが適当であろう。

人口の規模、経済の規模、政治体制、安全保障のスタンス、発展段階、歴史などを考えてみると、すべての面で日本と似た国はあるわけではない。それが日本のユニークなところである。それでも、自分で意識して比較の対象を考え、良いところを学ぶようにすることは可能であり、自らのためになることであろう。

日本とアイルランドとを対比すると、国の規模、経済の規模から見れば日本の方が大きいが、活力の面ではアイルランドの方が上回っている。生活の質と経済活力を両立させるやり方は国情によりいろいろありうるが、アイルランドの経験にも学ぶべき点があろう。

Column ⑦　ラグビー

近年、日本でアイルランドの認知度が上がったのは、ラグビーによるところも大きい。二〇一九年のラグビー・ワールドカップ日本大会は、日本中に興奮と熱狂を巻き起こした。グループ・リーグ第二戦で日本代表がアイルランド代表に一九対一二で勝利したことは、この大会での日本代表の快進撃を象徴するものとなった。

アイルランド代表はこの大会に世界ランク一位で臨み、日本代表のランクは一〇位であった。大方がアイルランド代表の勝利を予想していた。だが、日本代表はスピードあふれる攻撃と組織的な防御でアイルランドを振り回し、大番狂わせを演じて見せた。

この一戦の影響は大きく、日本在住のアイルランドの人から、「ラグビー・ワールドカップの前は、アイルランドから来たと言っても、『え、アイスランド』と聞き返されることがよくあったが、ラグビー・ワールドカップの後は、『おう、そうか』という反応となった」との話を聞いた。

アイルランドにおいて、ラグビーはゲーリック・フットボール、ハーリング、サッカーなどとともに人気のあるスポーツである。特に注目が集まるのがアイルランド、イングランド、ウェールズ、スコットランド、フランス、イタリアが戦う「シックス・ネーションズ」である。例年、二月から三月にかけてリーグ戦形式で行われる。身近なライバルとの戦いであり、特に大勢のサポーターが詰めかけるホームでの試合では「負けるわけにはいかない」というプレッシャーがかかる。「シックス・ネーションズ」の時期になると、春の訪れを感じると心待ちにするファンも多い。

この「シックス・ネーションズ」には、英国の四つの地域のうち、イングランド、ウェールズ、スコットランドはそれぞれ参加するが、北アイルランドのチームの参加はない。

アイルランドでは、各種スポーツにおいて、代表チームを北アイルランドの選手を入れずに国家としてのアイルランドのチームとするものと、南北アイルランドの合同チームとする「オール・アイルランド」型のものとの両方の類型がある。サッカーは前者であるのに対し、ラグビーは、ホッケー、バスケットボールなどとともに後者である。つまり、アイルランド・ラグビー協会は北アイルランドもカバーしており、北アイルランドのラグビー選手は同協会の所属選手であればシックス・ネーションズにはアイルランドから出場するのである。

当初は北と南にそれぞれのラグビー協会が存在した。一八七九年に二つの協会が統一されて、その後、政治面では紆余曲折がありながらも、「オール・アイルランド」の協会として維持されてきた。

ラグビーでは、テストマッチと呼ばれる国を代表するチーム同士の公式戦では、試合前に対戦する両国の国歌斉唱が行われるが、アイルランドの場合は少し事情が異なる。

海外での試合では、アイルランド国歌の「兵士の歌」ではなく、アイルランド・ラグビー協会の歌「アイルランズ・コール」が流される（アイルランド国内の試合の場合には、この二つがともに流されることが多い）。これは、ラグビーのアイルランド代表チームが前述の通りアイルランドと北アイルランドとの合同チームだからである。

英国の一部である北アイルランドの選手にアイルランドの国歌はなじまない。それに

「兵士の歌」はアイルランド自由国としての英国からの独立から四年後の一九二六年に国歌として採用されたもので、歌詞の中には、「暴君」に対して兵士が立ち上がることを歌ったくだりもある。北アイルランドの選手にとって違和感があることは想像に難くない。

そこで、アイルランド・ラグビー協会が一九九五年のワールド・カップに際して「オール・アイルランド」の精神で臨むことができる曲の作成を依頼し、その結果、生まれたのが「アイルランズ・コール」である。この「アイルランズ・コール」の歌詞の中には、「アイルランドの四つの誇り高き地方から」という部分がある。アイルランド島を構成する東部のレンスター、南部のマンスター、西部のコナハト、北部のアルスターの四つの地方のことである。アルスターは九県から成っていたが、その六県で北アイルランドを構成した。

アイルランド・ラグビー協会の歌として「アイルランズ・コール」を採用したことについてはアイルランド国歌の「兵士の歌」で良いではないかという批判の声もあった。

これは、アイルランド統一問題に通じる問題である。アイルランド統一を図る際、国歌、国旗は同じで良いかどうかとの論点がある。英国のアイルランド支配の正当性を否定する者の多くは、北アイルランドが現在のアイルランドにそのまま入って来れば良いと考える。一方、アイルランド統一を図ろうとするのであれば、北アイルランドが入ってきやすいように国歌や国旗を変えていく必要があるのではないかと考える者もいる。

そうした議論を念頭に考えてみると、ラグビーの「アイルランズ・コール」は、北アイルランドの者もアイルランドの者も「オール・アイルランド」の旗のもとに結集するための一つのモデルを提供していると考えることもできる。

「アイルランズ・コール」は、アイルランド・ラグビー協会の歌であるが、ホッケーなど「オール・アイルランド」型の他のスポーツでも「アイルランズ・コール」を採用しているものがある。これは、そのモデルとしての力によるものと言って良い。

あとがき

本書は、筆者が二〇一九年八月末に駐アイルランド大使として赴任して以来、現在のアイルランドを理解するために、アイルランド現代史を学んできた成果をまとめたものである。任国を理解するためにアイルランドの歴史を取り上げた日本語の本は、できる限り目を通すように努めてきたが、通史においては、中世史、近世史についての記述の充実ぶりに比して、現代史については、かなりの長期間を短い紙幅でカヴァーしての記述ぶりとなっていることが多いように感じられた。また、通史以外の個別の著作・論文についても、大きくいって二つの分野、すなわち、一つは対英独立戦争とその前後、もう一つは北アイルランド紛争についての文献はかなりの数があるものの、それ以外についての現代史の文献は限られている感があった。

現在のアイルランドを理解しようとすると、いくつか重要なテーマがある。例えば、フィアナ・フォイルとフィナ・ゲールの二大政党の対立と相克はどのようにアイルランドの政治の基調を作り、両党の関係はどのように変化してきたのか。シン・フェイン党はどのようにして一大政治勢力にのし上がってきたのか。アイルランド経済はいかにしてかつての貧困と停滞から脱却し、「ケルティック・タイガー」と称される発展を遂げたのか。アイルランドはどのようにしてバブルの崩壊とそれからの立ち直りを経験してきたか。北アイルランド紛争終結後の北アイルランドはどのような道をたどり、それは英国のEU離脱とどのように関連しているのか。社会的価値における急速なリベラル化をどのように理解すれば良いのか。アイルランドはなぜ軍事的中立政策をとっているのか、などである。

現在のアイルランドを理解するのに不可欠なそうした問題に触れた現代史についての概説書があっても良いのではないかと考えたことが、本書の執筆につながった。

筆者のアイルランドでの在勤は、アイルランド史の文脈では、対英独立戦争、アイルランド自由国としての独立、内戦の激動期から百年を経たことを記念する「百周年の一〇年」(二〇一二年から二〇二三年までが対象)の期間に当たっていた。アイルランド国民議会の設立、「血の日曜日」事件、英愛条約の署名、英国からの統治権の引き渡しといった歴史上の出来事についての百周年を記念する行事、展覧会、書籍の刊行、テレビのドキュメンタリー番組の放送などが次々に行われた。また、建国から百年を経て、百年の歩みを総括しようとする試みもなされた。これらに接することができたのは幸運であった。

本書は、そうした経験も踏まえてアイルランド現代史をどのように捉えるかについての筆者なりの見方を示そうとしたものである。筆者は歴史研究の専門家ではなく、本書には多くの足らざる点があろう。それでも、アイルランドに関心を持つ読者に参考となる点があればうれしいと思う。

この本を執筆するに際しては、いろいろな方にお世話になった。幸いにして、長年、アイルランドに取り組まれている日本の研究者の方々に原稿を読んでいただき、貴重なご意見、コメントを頂戴した。ご多忙の中、対応していただいた以下の方々（敬称略）に心より御礼を申し上げたい。池田真紀、海老島均、大野光子、小舘尚文、佐藤亨、佐藤泰人、高神信一、千葉優子、栩木信明、真鍋晶子、森ありさ、山下理恵子、山本正。一方、ご意見、コメントをよく反映できなかった点を含め、本書の足らざる点は、ひとえに筆者の責に帰されるものであることはもちろんである。

日本アイルランド協会の事務局長を務める真鍋晶子氏には、関係者の方々に連絡をとるに際し、労をとっていただいた。また、アイルランド文学の研究者で二〇二〇年にアイルランドの大統領功労賞を受賞した大野光子氏からは、アイルランドについての著作をまとめてはどうかと背中を押していただいた。そうした励ましがなければこの本は生まれていなかったであろう。

多くのアイルランドの知人・友人からも有形無形のご支援をいただいた。ユニバーシティ・カレッジ・ダブリン（UCD）のデクラン・ダウニー教授、アイリッシュ・タイムズ紙コラムニストのスティーブン・コリンズ氏、ロイヤル・アイリッシュ・アカデミー所属の歴史家マイケル・ケネディ氏とは折に触れて意見交換をさせていただいた。筆者のカウンターパートの立場にあるポール・カヴァナ駐日アイルランド大使や前任地のウィーン以来の友人のトーマス・ハネイEU代表部大使を始め、アイルランドの知人・友人から学んだことも多い。

アイルランドに長く在住しておられる在留邦人の方からも多くを教えていただいた。多くの方にお世話になったが、特に、潮田淑子氏と尾崎弘章氏には厚く感謝申し上げたい。

歴代の先輩大使からも、種々のご教示をいただいたが、アイルランドについての著作もある林景一氏、筆者の前任大使である三好真理氏からは、折に触れて連絡をいただき、現在のアイルランドをどう見るかについて貴重なアドバイスを頂戴した。原稿を読んで、貴重なコメント、指摘をしてくれた大使館の同僚にも感謝したい。

中公新書編集部では、田中正敏氏、工藤尚彦氏に大変お世話になった。きめ細かい編集作業でご尽力をいただいたことに心から感謝申し上げたい。

本書を執筆した動機の一つは、この興味深く、親しみの持てる国であるアイルランドをより多くの人に知ってもらいたいとの気持ちからである。一九二二年のアイルランド自由国としての独立から百年後の二〇二二年にこの本を世に出すことができたことをうれしく思う。この本を通じて、一人でも多くの人に、アイルランドへの関心を持ってもらうことができれば幸いである。

二〇二二年八月

北野　充

図版出典

第一章
エイモン・デ＝ヴァレラ
Ronan Fanning, *A Will of Power: Éamon de Valera* (Faber & Faber, 2016)

第二章
W.T. コスグレイヴ
Michael Laffan, *Judging W. T. Cosgrave: The Foundation of the Irish State* (Royal Irish Academy, 2014)

第三章
T. K. ウィタカー
Ann Chambers, *T. K. Whitaker: Portrait of a Patriot* (Transworld Publishers, 2014)

ショーン・レマス
Stephen Collins, *The Power Game: Ireland under Fianna Fail* (O'Brien Press, 2001)

チャールズ・ホーヒー
Stephen Collins, *The Power Game: Ireland under Fianna Fail* (O'Brien Press, 2001)

ガレット・フィッツジェラルド
Garret Fitzgerald, *All in a Life: An Autobiography* (Gill and Macmillan, 1991)

第四章
アルバート・レイノルズ
Conor Lenihan, *Albert Reynolds: Risktaker for Peace* (Merrion Press, 2011)

バーティ・アハーン
Ken Whelan and Eugene Materson, *Bertie Ahern: Taoiseach and Peacemaker* (Blackwater Press, 1998)

参考文献

守安功『アイルランド　人・酒・音　愛蘭土音楽紀行』（東京書籍、1997年）
山下理恵子、守安功『アイリッシュ・ダンスへの招待』（音楽之友社、2002年）
山下理恵子、山本拓司「アイリッシュ・ダンスの社会学——歴史的展開に関する序論的考察」『エール』第23号、2003年
Tim Pat Coogan, *The G. A. A. and the War of Independence* (Head of Zeus, 2019)

(Oxford University Press, 2014)

【社会】
井田敦彦「アイルランドにおける憲法改正の手続と事例」『レファレンス』816号（2019年1月）
井田敦彦「アイルランド憲法における『女性の役割』規定をめぐる議論」『レファレンス』822号（2019年7月）
大野光子『女性たちのアイルランド――カトリックの〈母〉からケルトの〈娘〉へ』（平凡社選書、1998年）
澤田倫子「避妊の言説にみるアイルランドのセクシュアリティとナショナルアイデンティティ」『エール』第23号、2003年
Ruadhán Mac Cormaic, *The Supreme Court* (Penguin, 2016)
Diarmaid Ferriter, *Occasions of Sin: Sex and Society in Modern Ireland* (Profile Books, 2009)
Gemma Hussey, *Ireland Today: Anatomy of a Changing State* (Penguin, 1995 Viking, 1993)
Niall O'Dowd, *A New Ireland: How Europe's Most Conservative Country Became Its Most Liberal* (Skyhorse Publishing, 2020)
Fintan O'Toole, *We Don't Know Ourselves: A Personal History of Ireland Since 1958* (An Appolo Book, 2021)
Mary Robinson, *Everybody Matters: A Memoir* (Hodder & Stoughton, 2012)
Philip Ryan and Niall O'Conor, *Leo: Leo Varadkar-A Very Modern Taoiseach* (Biteback Publishing, 2018)

【文化、全般的紹介】
岩見寿子、宮地裕美子、前村敦『映画で語るアイルランド――幻想のケルトからリアルなアイルランドへ』（論創社、2018年）
海老島均「分断された社会におけるスポーツ――アイルランドにおけるスポーツのシンボリズムと文化的多様性に対する寄与に関する研究」『スポーツ社会学研究』第6巻、1998年
潮田淑子『ダブリンで日本美術のお世話を――チェスター・ビーティー・ライブラリーと私の半世紀』（平凡社、2014年）
海老島均、山下理恵子（編著）『アイルランドを知るための70章【第３版】』（明石書店、2019年）
司馬遼太郎『愛蘭土紀行１』（朝日新聞社、2006年）
司馬遼太郎『愛蘭土紀行２』（朝日新聞社、2006年）
ECG 編集室（編）『アイルランド――パブとギネスと音楽と』（トラベル・ジャーナル、1998年）
武部好伸『ケルト映画紀行　名作の舞台を訪ねて』（論創社、1998年）
栩木伸明『アイルランド紀行　ジョイスから U2まで』（中公新書、2012年）
林景一『アイルランドを知れば日本がわかる』（角川書店、2009年）

Books, 2018)
Shane Ross, *The Bankers: How the Banks Brought Ireland to its Knees* (Penguin, 2009)
Paul Sweeney, *The Celtic Tiger: Ireland's Economic Miracle Explained* (Oak Tree Press, 1998)

【北アイルランド問題】
ポール・アーサー、キース・ジェフリー（門倉俊雄訳）『北アイルランド現代史——紛争から和平へ』（彩流社、2004年）
佐藤亨『北アイルランドを目撃する』（水声社、2021年）
鈴木良平『IRA（アイルランド共和国軍）——アイルランドのナショナリズム（第4版増補）』（彩流社、1999年）
堀越智『北アイルランド紛争の歴史』（論創社、1996年）
松尾太郎『アイルランド問題の史的構造』（論創社、1980年）
南野泰義『北アイルランド政治論——政治的暴力とナショナリズム』（有信堂高文社、2017年）
Feargal Cochrane, *Breaking Peace: Brexit and Northern Ireland* (Manchester Press, 2020)
Feargal Cochrane, *Northern Ireland: The Fragile Peace,* new edition (Yale University Press, 2021)
Tim Pat Coogan, *The Troubles: Ireland's Ordeal 1966-1996 and the Search for Peace*, revised and updated edition (Arrow, 1996)
Paul Dixon and Eamonn O'Kane, *Northern Ireland Since 1969* (Rutledge, 2014)
Siobhán Fenton, *The Good Friday Agreement* (Biteback Publishing, 2018)
Diarmaid Ferriter, *The Border: The Legacy of a Century of Anglo-Irish Politics* (Profile Books, 2019)
Katy Hayward, *What do we know and what should we do about?...The Irish Border* (Sage Publications, 2021)
Thomas Hennessey, Máire Braniff, James W. McAuley, Jonathan Tonge, and Sophie A. Whiting, *The Ulster Unionist Party: Country Before Party?* (Oxford University Press, 2019)
Susan Mckay, *Northern Protestants: On Shifting Ground* (Blackstaff Press, 2021)
George Mitchell, *Making Peace* (William Heinemann, 1999)
Ed Moloney, *A Secret History of the IRA,* second edition (Penguin Books, 2007)
Mary C. Murphy and Jonathan Evershed, *A Troubled Constitutional Future: Northern Ireland after Brexit* (Agenda Publishing, 2022)
Jonathan Tonge, Máire Braniff, Thomas Hennessey, James W. McAuley, and Sophie A. Whiting, *The Democratic Unionist Party: From Protest to Power*

社、2010年）
庄司克宏『ブレグジット・パラドクス——欧州統合のゆくえ』（岩波書店、2019年）
武井章弘「両大戦間期における産業政策の可能性と限界」後藤浩子（編）『アイルランドの経験——植民・ナショナリズム・国際統合』（法政大学出版局、2009年）
高神信一「1990年代のアイルランド経済の高成長」後藤（編）『アイルランドの経験』
鶴岡路人『EU 離脱——イギリスとヨーロッパの地殻変動』（ちくま新書、2020年）
スティーブン・デイ、力久昌幸『「ブレグジット」という激震——混迷するイギリス政治』（ミネルヴァ書房、2021年）
テレンス・ブラウン（大島豊訳）『アイルランド　社会と文化1922~85年』（国文社、2000年）
Ann Chambers, *T. K. Whitaker: Portrait of a Patriot* (Transworld Publishers, 2014)
Peter Clinch, Frank Convery and Brendan Walsh, *After the Celtic Tiger: Challenge Ahead* (The O'Brien Press, 2002)
Tony Connelly, *Brexit and Ireland: The Dangers, the Opportunities, and the Inside Story of the Irish Response* (Penguin Books, 2018)
Mark Henry, *In Fact: An Optimist's Guide to Ireland at 100* (Gill Books, 2021)
Kieran A. Kennedy, Thomas Giblin and Deirdre McHugh, *The Economic Development of Ireland in the Twentieth Century* (Routledge, 1988)
Brigid Laffan and Jane O'Mahony, *Ireland and the European Union* (Palgrave Macmillan, 2008)
Gerald McCann, *Ireland's Economic History: Crisis and Development in the North and South* (Pluto Press, 2011)
David McWilliams, *Renaissance Nation: How the Pope's Children Rewrote the Rules for Ireland* (Gill Books, 2018)
Cormac Ó Gráda, *A Rocky Road: The Irish Economy Since the 1920s* (Manchester University Press, 1997)
Cormac Ó Gráda, *Ireland: A New Economic History 1780-1939* (Oxford University Press, 2001)
John O'Hagan and Francis O'Toole, *The Economy of Ireland, 13th edition* (Red Globe Press, 2017)
Fintan O'Toole, *Ship of Fools: How Stupidity and Corruption Sank the Celtic Tiger* (Faber and Faber, 2009)
Fintan O'Toole, *Three Years in Hell: The Brexit Chronicles* (Head of Zeus, 2020)
Seán Ó Riain, *The Rise and Fall of Ireland's Celtic Tiger: Liberalism, Boom and Bust* (Cambridge University Press, 2014)
Kevin O'Rouke, *A Short History of Brexit: From Brentry to Backstop* (Pelican

Stephen Collins, *People, Politics and Power: From O'Connell to Ahern*, (O'Brien Press, 2007)
Stephen Collins, *Saving the State: Fine Gael From Collins to Varadkar* (Gill Books, 2020)
Deaglán de Bréadún, *Power Play: The Rise of Modern Shinn Féin* (Merrion Press, 2015)
Róisín Doherty, *Ireland, Neutrality and European Security Integration* (Routledge, 2002)
Ronan Fanning, *A Will of Power: Éamon de Valera* (Faber & Faber, 2016)
Garret FitzGerald, *All in a Life: An Autobiography* (Gill and Macmillan, 1991)
Brian Feeney, *Shinn Féin: A Hundred Turbulent Years* (The O'Brien Press, 2002)
Diarmaid Ferriter, *Judging Dev: A reassessment of the life and legacy of Éamon de Valera* (Royal Irish Academy, 2019)
John Gibney, Michael Kennedy and Kate O'Malley, *Ireland: A voice among the nations* (Royal Irish Academy, 2019)
Michael Heney, *The Arms Crisis of 1970* (An Apollo Book, 2020)
John Horgan, *Seán Lemass: The Enigmatic Patriot* (Gill & Macmillan, 1997)
Patrick Keatinge, *A Place Among Nations: Issues of Irish Foreign Policy* (Institute of Public Administration, 1978)
Patrick Keatinge, *A Singular Stance: Irish Neutrality in the 1980s* (Institute of Public Administration, 1984)
Michael Laffan, *Judging W. T. Cosgrave: The Foundation of the Irish State* (Royal Irish Academy, 2014)
Pat Leahy, *Showtime: The Inside Story of Fianna Fail in Power* (Penguin Books, 2010)
Pat Leahy, *The Price of Power: Inside Ireland's Crisis Coalition* (Penguin Books, 2014)
Conor Lenihan, *Albert Reynolds: Risktaker for Peace* (Merrion Press, 2011)
David McCullagh, *De Valera: Rise 1882-1932* (Gill Books, 2017)
David McCullagh, *De Valera: Rule 1932-1975* (Gill Books, 2018)
Gary Murphy, *Haughey* (Gill Books,2021)
Trevor C. Salmon, *Unneutral Ireland: An Ambivalent and Unique Security Policy* (Clarendon Press, 1989)
Ben Tonra, Michael Kennedy, John Doyle and Noel Dorr, *Irish Foreign Policy* (Gill, 2012)

【経済、英国の EU 離脱】
白井さゆり『欧州迷走――揺れる EU 経済と日本・アジアへの影響』(日本経済新聞社、2009年)
白井さゆり『欧州激震――経済危機はどこまで拡がるのか』(日本経済新聞

森ありさ『アイルランド独立運動史――シン・フェイン、IRA、農地紛争』（論創社、1999年）
森ありさ「ダブリン蜂起（1916年）を巡る‘シン・フェイン’言説」『エール』第26号、2006年
Anne Dolan and William Murphy, *Michael Collins: The Man and the Revolution*（The Collins Press, 2018）
Ronan Fanning, *Fatal Path: British Government and Irish Revolution 1910-1922*（Faber & Faber, 2013）
Diarmaid Ferriter, *A Nation and Not a Rabble: The Irish Revolution 1913-1923*（Profile Books, 2015）
Diarmaid Ferriter, *Between Two Hells: The Irish Civil War*（Profile Books, 2021）
Gretchen Friemann, *The Treaty*（Merrion Press, 2021）
John Gibney and Kate O'Malley, *The Handover: Dublin Castle and the British Withdrawal from Ireland, 1922*（Royal Irish Academy, 2022）
Michael Laffan, *The Resurrection of Ireland: The Shinn Féin Party, 1916-1923*（1999, Cambridge University Press）
Mícheál Ó Fathartaigh and Liam Weeks, *Birth of A State: The Anglo-Irish Treaty*（Irish Academic Press, 2021）
Frank Pakenham, *Peace by Ordeal: The Negotiation of the Anglo-Irish Treaty 1921*（Pimlico, 1992）
Charles Townshend, *The Republic: The Fight for Irish Independence*（Penguin Books, 2013）
Charles Townshend, *Easter 1916: The Irish Rebellion*（Penguin Books, 2015）
Charles Townshend, *The Partition: Ireland Divided 1885-1925*（Penguin Books, 2021）

【政治、外交】

池田真紀「アイルランドとEU――ヨーロッパ統合をめぐる世論と政党」法政大学比較経済研究所・後藤浩子（編）『アイルランドの経験――植民・ナショナリズム・国際統合』（法政大学出版局、2009年）
小舘尚文、千葉優子「アイルランド共和国と北アイルランド」松尾秀哉、近藤康史、溝口修平、近藤正基（編著）『教養としてのヨーロッパ政治』（ミネルヴァ書房、2019年）
斎藤英里「再論　矢内原忠雄とアイルランド」『エール』第26号、2006年
波多野裕造「終戦時の日本と中立国との関係――アイルランドの場合を中心に」『白鷗法學』13号、1999年9月
John Coakley and Michael Gallagher（ed.）, *Politics in the Republic of Ireland, sixth edition*（Routledge, 2018）
Stephen Collins, *The Power Game: Ireland under Fianna Fail*（O'Brien Press, 2001）

参考文献

【通史】

上野格・森ありさ・勝田俊輔編『世界歴史体系　アイルランド史』（山川出版社、2018年）

ショーン・オフェイロン『アイルランド――歴史と風土』（岩波文庫、1997年）

波多野裕造『物語　アイルランドの歴史――欧州連合に賭ける“妖精の国”』（中公新書、1994年）

シェイマス・マコール『アイルランド史入門』（明石書店、1996年）

山本正『図説　アイルランドの歴史』（河出書房新社、2017年）

Jonathan Bardon, *A History of Ireland in 250 Episodes*（Gill & Macmillan, 2008）

Thomas Bartlett, *Ireland: A History*（Cambridge University Press, 2010）

Thomas Bartlett（ed.）, *The Oxford History of Ireland: Volume IV 1880 to the Present*（Cambridge University Press, 2018）

Diarmaid Ferriter, *The Transformation of Ireland 1900-2000*（Profile Books, 2004）

Diarmaid Ferriter, *What if: Alternative Views of Twentieth-Century Ireland*,（Gill & Macmillan, 2006）

R. F. Foster *Modern Ireland: 1600-1972*（Penguin Books, 1988）

R. F. Foster, *Luck and the Irish: A Brief History of Change 1970-2000*（Penguin Books, 2007）

John Gibney, *A Short History of Ireland, 1500~2000*（Yale University Press, 2017）

Alvin Jackson（ed.）, *The Oxford Handbook of Modern Irish History*（Oxford University Press, 2014）

F. S. L. Lyons, Ireland Since the Famine（Weidenfeld and Nicolson, 1971）

J. J. Lee, *Ireland 1912-1985: Politics and Society*（Cambridge University Press, 1989）

【イースター蜂起、対英独立戦争、英愛条約、内戦】

ユーリック・オコナー（波多野裕造訳）『恐ろしい美が生まれている――アイルランド独立運動と殉教者たち』（青土社、1997年）

小関隆『アイルランド革命1913-23――第一次世界大戦と二つの国家の誕生』（岩波書店、2018年）

鈴木良平『アイルランド建国の英雄たち――1916年復活祭蜂起を中心に』（彩流社、2003年）

高神信一「イースター蜂起はどのように計画され、どのように決行されたのか――1867年蜂起との比較を通じて」『エール』第27号、2007年

	9月リーマン・ブラザーズの破綻、金融危機
2009	**10月**リスボン条約批准の二度目の国民投票で可決
2010	**11月** EU、IMF に対し経済支援を要請、財政再建策を発表
2011	**2月**総選挙でフィアナ・フォイルが歴史的惨敗、3月にケニーを首相とするフィナ・ゲールと労働党の連立政権が発足
2013	**12月** EU、IMF からの経済支援からの卒業
2015	**5月**同性婚を認める憲法改正が国民投票で可決
2016	**2月**総選挙、5月　ケニーを首相とするフィナ・ゲールと無所属議員による少数政権（フィアナ・フォイルの閣外協力）が発足
	6月英国の国民投票で EU 離脱が多数を占める
2017	**6月**ケニーが辞任し、ヴァラッカーが後任首相に
2018	**5月**妊娠中絶を認める憲法改正が国民投票で可決
2019	**10月**英国・EU 間で英国の EU 離脱協定に合意
2020	**2月**総選挙、主要三党が拮抗する結果
	3月新型コロナ・ウイルス感染症による行動制限開始
	6月マーティンを首相とするフィアナ・フォイル、フィナ・ゲール、緑の党の三党連立政権が発足
	12月英国・EU 間で貿易・協力協定に合意
2021	**10月**法人税改革についての国際合意に参加
2022	**2月**ロシアによるウクライナ侵略

	9月フィナ・ゲール、タラ戦略を表明
	10月国家再建計画を策定
1989	**6月**総選挙、7月にホーヒーを首相とするフィアナ・フォイルと進歩民主党の連立政権が発足
1990	**11月**大統領選挙でメアリー・ロビンソンが当選、12月に就任
1992	**2月**ホーヒーが辞任し、レイノルズが後任首相に
	3月X事件についての最高裁判決
	11月総選挙、中絶についての三件の憲法改正の国民投票で二件可決、一件否決
1993	**1月**レイノルズを首相とするフィアナ・フォイルと労働党の連立政権が発足
	12月北アイルランドについての英愛共同宣言
1994	**8月**IRAが停戦を発表
	12月レイノルズが辞任し、連立の組み替えによりブルートンを首相とするフィナ・ゲール、労働党、民主左派党によるレインボー連立政権の発足
1995	**2月**北アイルランドについての英愛両国政府による「枠組み文書」
	11月離婚合法化の憲法改正が国民投票で可決
1997	**6月**総選挙、アハーンを首相とするフィアナ・フォイルと進歩民主党の連立政権が発足
	10月大統領選挙でメアリー・マッカリースが当選、11月に就任
1998	**4月**北アイルランドについてのベルファスト合意、5月にベルファスト合意についてのアイルランドでの国民投票、北アイルランドでの住民投票、6月に北アイルランド議会選挙
1999	**12月**北アイルランド自治政府の成立（UUPとSDLP主導)。NATOの「平和のためのパートナーシップ」に参加
2001	**6月**ニース条約批准の国民投票で否決
2002	**1月**通貨がユーロに移行
	3月中絶が認められる範囲を限定する憲法改正が国民投票で否決
	10月ニース条約批准の二度目の国民投票で可決
2003	**11月**北アイルランド議会選挙
2006	**10月**北アイルランドについてのセント・アンドリューズ合意
2007	**3月**北アイルランド議会選挙、5月に北アイルランド自治政府の成立（DUPとシン・フェイン党主導)
	5月総選挙、6月にアハーンを首相とするフィアナ・フォイル、緑の党、進歩民主党の連立政権が発足
2008	**5月**アハーンが辞任し、カウエンが後任首相に
	6月リスボン条約批准の国民投票で否決

1966	11月リンチ政権発足
1968	10月デリーで公民権運動のデモ隊と警官隊が衝突
1969	8月デリーのボグサイド地区で衝突、アイルランドは国連の関与を要請、英国軍が北アイルランドに配備拡大
	12月 IRA が公式派と暫定派とに分裂
1970	5月ホーヒー、ブラネイの両大臣が北アイルランドへの武器密輸問題で罷免される（武器危機)、6月に逮捕
1972	1月欧州共同体（EC）加盟条約が署名、5月に国民投票で批准を可決
	1月デリーで「血の日曜日」事件
	3月英国政府、北アイルランドを直接統治
1973	1月 EC 加盟
	2月総選挙、3月にリアム・コスグレイヴを首相とする国民的連立政権が発足
	12月サニングデール合意
1974	1月 北アイルランド自治政府発足
	5月北アイルアンドでゼネスト、北アイルランド自治政府退陣、英国政府による直接統治に戻る
1977	6月総選挙、7月にリンチを首相とするフィアナ・フォイル政権が発足
1979	3月欧州通貨制度に参加
	12月リンチが退任の意向表明、フィアナ・フォイル党首選でホーヒー勝利、ホーヒー政権発足
1980	10月北アイルランドの刑務所でハンガーストライキ（～1981)
1981	6月総選挙、フィッツジェラルドを首相とするフィナ・ゲールと労働党の連立政権が発足
1982	2月総選挙、3月にホーヒーを首相とするフィアナ・フォイル政権が発足
	11月総選挙、12月にフィッツジェラルドを首相とするフィナ・ゲールと労働党の連立政権が発足
1983	5月新アイルランド・フォーラムを開催（～1984)
	9月中絶を禁止する趣旨の憲法改正が国民投票で可決（「第八次改正」)
1985	11月北アイルランドについての英愛協定
1986	2月欧州単一議定書、署名
	6月離婚合法化についての憲法改正が国民投票で否決
1987	2月総選挙、3月にホーヒーを首相とするフィアナ・フォイル政権が発足

1927	**8月**フィアナ・フォイル議員、議会に登院
1931	**12月**英国でウェストミンスター憲章を制定
1932	**2月**総選挙、3月にデ＝ヴァレラを行政評議会議長とするフィアナ・フォイル政権が発足
	7月英国への土地年賦の支払いを停止、「経済戦争」（～1938）
1933	**5月**忠誠の宣誓を除去する憲法改正
	9月クマンナ・ゲールと他党の合併により政党フィナ・ゲール結成
	11月法律制定に際する総督の権限を除去する憲法改正
1936	**12月**英国でエドワード八世の退位、国王と総督の権限を除去する憲法改正、対外関係法を制定
1937	**7月**新憲法を国民投票で可決、12月に施行。国名はアイルランドに。首相にデ＝ヴァレラ
1938	**4月**英愛交渉妥結（条約港の返還、経済戦争の終結）
1939	**9月**第二次世界大戦の勃発、中立を宣言、非常時権限法
1945	**5月**第二次世界大戦の欧州戦線の終結
1948	**2月**総選挙、コステロを首相とする第一次各党連立政権が発足
	9月コステロ首相、アイルランドを共和国とすることを宣言、12月にアイルランド共和国法が成立
1949	**4月**アイルランド、共和国に。英連邦を離脱
1951	**5月**総選挙、6月にデ＝ヴァレラを首相とするフィアナ・フォイル政権が発足
1954	**5月**総選挙、6月にコステロを首相とする第二次各党連立政権が発足
1955	**12月**国際連合に加盟
1956	**12月** IRA が国境作戦を開始（～1962）
1957	**3月**総選挙、デ＝ヴァレラを首相とするフィアナ・フォイル政権が発足
1958	**6月**国連平和維持活動に参加開始
	11月ウィタカー主導による経済拡大計画を策定、公表
1959	**1月**デ＝ヴァレラ、首相退任の意向表明、6月に大統領選挙に当選、就任
	6月レマス政権が発足
1961	**7月**欧州経済共同体（EEC）への加盟申請
1962	**10月** EEC、アイルランドとの正式交渉開始を決定
1963	**1月**ド＝ゴール仏大統領の英国の EEC 加盟拒否
1965	**1月**レマス首相、ベルファストを訪問してオニール北アイルランド首相と会談
	12月英愛自由貿易協定署名（発効は1966年7月）

関連年表

年	出来事
1905	**11月**グリフィス、シン・フェイン政策を提唱
1907	**4月**シン・フェイン党、結成
1910	**1月**英国総選挙でアイルランド議会党がキャスティングボートを握る
1912	**4月**第三次自治法案、議会に提出
	9月「アルスターの神聖なる同盟と誓約」の署名
1913	**1月**アルスター義勇軍、結成
	11月アイルランド義勇軍、結成
1914	**3月**カラの反乱
	7月第一次世界大戦の勃発（～1918）、8月に英国が参戦
	9月第三次自治法の成立と停止、レドモンド、戦争協力を呼びかけ
1916	**4月**イースター蜂起（5月に蜂起主謀者ら処刑）
1917	**10月**シン・フェイン党大会、デ＝ヴァレラを総裁に選出
1918	**12月**英国総選挙でシン・フェイン党がアイルランドで圧勝
1919	**1月**アイルランド国民議会を設立。ソロヘドベグで警官射殺、独立戦争開始
1920	**11月**「血の日曜日」事件
	12月「コーク焼き討ち」事件。アイルランド統治法、成立
1921	**7月**停戦合意
	12月英愛条約署名
1922	**1月**国民議会、英愛条約批准を承認。コリンズを議長とする暫定政府が成立。英国から暫定政府に施政権を移譲
	6月総選挙、英愛条約賛成派が多数を占める。内戦の勃発
	8月グリフィス病死。コリンズ戦死、W・T・コスグレイヴが暫定政府議長に
	12月アイルランド自由国憲法制定、アイルランド自由国成立、コスグレイヴが行政評議会議長に
1923	**4月**コスグレイヴら、政党クマン・ナ・ゲールを結成
	5月内戦の終結
	9月国際連盟に加盟
1925	**11月**国境委員会の討議状況の報道、12月に南北境界線についての合意
1926	**3月**デ＝ヴァレラらシン・フェイン党を離脱、5月、政党フィアナ・フォイル結成
	11月帝国会議でバルフォア報告書を採択

北野 充（きたの・みつる）

1957年東京都生まれ．80年東京大学文学部卒業．同年，外務省入省．97年ジュネーブ大学修士．在アメリカ合衆国日本国大使館公使，外務省軍縮不拡散・科学部長，在ウィーン国際機関日本政府代表部特命全権大使などを経て，2019年より駐アイルランド特命全権大使．
著書『パブリック・ディプロマシー』（共編著，PHP研究所，2007年）
『ビジネスパーソンのためのツイッター時代の個人「発信」力』（ディスカヴァー・トゥエンティワン，2010年）
『パブリック・ディプロマシー戦略』（共編著，PHP研究所，2014年）
『核拡散防止の比較政治』（ミネルヴァ書房，2016年）

アイルランド現代史《げんだいし》
中公新書 *2717*

2022年 9 月25日発行

著 者 北野 充
発行者 安部順一

本文印刷 三晃印刷
カバー印刷 大熊整美堂
製 本 小泉製本

発行所 中央公論新社
〒100-8152
東京都千代田区大手町 1-7-1
電話 販売 03-5299-1730
編集 03-5299-1830
URL https://www.chuko.co.jp/

Published by CHUOKORON-SHINSHA, INC.
Printed in Japan ISBN978-4-12-102717-7 C1222

中公新書

現代史

f3

番号	書名	著者
2590	人類と病	詫摩佳代
2664	歴史修正主義	武井彩佳
2451	トラクターの世界史	藤原辰史
2666	ドイツ・ナショナリズム	今野元
2368	第一次世界大戦史	飯倉章
2681	リヒトホーフェン―撃墜王とその一族	森貴史
27	ワイマル共和国	林健太郎
478	アドルフ・ヒトラー	村瀬興雄
2553	ヒトラーの時代	池内紀
2272	ヒトラー演説	高田博行
1943	ホロコースト	芝健介
2349	ヒトラーに抵抗した人々	對馬達雄
2610	ヒトラーの脱走兵	對馬達雄
2448	闘う文豪とナチス・ドイツ	池内紀
2329	ナチスの戦争 1918-1949	R・ベッセル 大山晶訳
2313	ニュルンベルク裁判	A・ヴァインケ 板橋拓己訳
2266	アデナウアー	板橋拓己
2615	物語 東ドイツの歴史	河合信晴
2274	スターリン	横手慎二
530	チャーチル（増補版）	河合秀和
2643	イギリス1960年代	小関隆
2578	エリザベス女王	君塚直隆
1415	フランス現代史	渡邊啓貴
2356	イタリア現代史	伊藤武
2221	バチカン近現代史	松本佐保
2415	トルコ現代史	今井宏平
2670	サウジアラビア―「イスラーム世界の盟主」の正体	高尾賢一郎
2538	アジア近現代史	岩崎育夫
2586	東アジアの論理	岡本隆司
2437	中国ナショナリズム	小野寺史郎
2600	孫基禎《ソン・ギジョン》―帝国日本の朝鮮人メダリスト	金誠
2034	感染症の中国史	飯島渉
2700	新疆ウイグル自治区	熊倉潤
1959	韓国現代史	木村幹
2602	韓国社会の現在	春木育美
2682	韓国愛憎	木村幹
2596	インドネシア大虐殺	倉沢愛子
1596	ベトナム戦争	松岡完
2330	チェ・ゲバラ	伊高浩昭
1664 1665	アメリカの20世紀（上下）	有賀夏紀
2626	フランクリン・ローズヴェルト	佐藤千登勢
2527	大統領とハリウッド	村田晃嗣
2479	スポーツ国家アメリカ	鈴木透
2540	食の実験場アメリカ	鈴木透
2504	アメリカとヨーロッパ	渡邊啓貴
2163	人種とスポーツ	川島浩平
2717	アイルランド現代史	北野充